甘肃省社会科学规划项目，批准号：13YD014；国家社会科学基金一般项目，批准号：16BZW052。

西北师范大学古籍研究所《文史专刊》

主编：赵逵夫

副主编：漆子扬 丁宏武

编委：马世年 王兴芬 田澍 许琰 冉耀斌 孙京荣 李并成
刘再聪 杜志强 张兵 张科 周玉秀 胡大浚 胡小鹏
赵茂林 龚喜平 韩高年 景浩 雒鹏 霍旭东

王兴芬◎著

王嘉与拾遗记研究

中国社会科学出版社

图书在版编目（CIP）数据

王嘉与《拾遗记》研究 / 王兴芬著 . —北京：中国社会科学出版社，2017.1
ISBN 978 - 7 - 5203 - 0795 - 6

Ⅰ.①王…　Ⅱ.①王…　Ⅲ.①《拾遗记》- 小说研究　Ⅳ.①I207.419

中国版本图书馆 CIP 数据核字（2017）第 179959 号

出 版 人　赵剑英
责任编辑　任　明
特约编辑　乔继堂
责任校对　沈丁晨
责任印制　李寡寡

出　　　版　中国社会科学出版社
社　　　址　北京鼓楼西大街甲 158 号
邮　　　编　100720
网　　　址　http：//www.csspw.cn
发 行 部　010 - 84083685
门 市 部　010 - 84029450
经　　　销　新华书店及其他书店

印刷装订　北京市兴怀印刷厂
版　　　次　2017 年 1 月第 1 版
印　　　次　2017 年 1 月第 1 次印刷

开　　　本　710×1000　1/16
印　　　张　11
插　　　页　2
字　　　数　175 千字
定　　　价　58.00 元

序

赵逵夫

　　王嘉为东晋陇西安阳（今甘肃秦安）人。他的《拾遗记》一书是搜集了当时流传的一些历史传说，按时代的先后为序编为九卷，末为国内名山一卷，共十卷。以前除个别读书札记和近代以来有关魏晋志怪小说的论著提到以外，少有人对王嘉及其《拾遗记》作专文论述。1941年《齐鲁学刊》第2期刊有左海的《拾遗记》一文，是近代以来的第一篇专论；1961年5月27日《甘肃日报》刊有苏丰、江夏的《志怪小说作家王嘉》，也算是比较早的专文。20世纪80年代初李鼎文先生等领头所编《甘肃古代作家》①，其中有颜廷亮写的《王嘉》，对王嘉生平方面作了简单介绍，主要论述《拾遗记》一书内容与艺术上的成就，提出"《拾遗记》和与之同时的其他小说一起，构成了我国小说在唐代正式出现以前的最高发展形态"。"还为我们保存了很多神话传说。"认为"王嘉是甘肃小说界的开山鼻祖之一"。

　　因为中国古代并无今日小说之概念，其所谓"小说"，不是归入"杂史"，便是归入"子书"。《拾遗记》多载当时的古今传说故事，自唐代刘知几的《史通》至明杨慎的《丹铅总录》、胡应麟的《少室山房笔丛》，清《四库全书总目提要》等，都从杂史的角度观察之，评价不是很高。大部分学者仅仅肯定其文章辞藻和艺术描写上的长处。如胡应麟的《少室山房笔丛·四部正讹》中说：

---

　　① 甘肃人民出版社1982年版。

《皇娥》等歌，浮艳浅薄，然词人往往用之，以境界相近故。①

《四库全书总目·小说家类》说：

历代词人，取材不竭，亦刘勰所谓"事事奇伟，辞富膏腴。无益经典而有助文章"者欤？②

鲁迅的《中国小说史略》③ 将其归入"志怪小说"，是一个重大的转变。但该书在具体评论中仍承袭前人，从杂史的角度进行评价，言"其文笔颇靡丽，而事皆诞漫无实"。

20世纪50年代以来，学者们从志怪小说的角度对《拾遗记》加以研究。具有代表性的有范宁的《论魏晋志怪小说传播和知识分子思想分化的关系》④ 一文，认为王嘉"和嵇康、张华、干宝等人一样，将神异的现象作为题材，只是写作的态度改变了，不是信仰而是玩赏"。并且说"王嘉《拾遗记》里面的人物表面是名士的，而实质是方士的"。虽然有些不着边际，但显然是从文学创作的角度考察作品与作者。至于他所说："至于内容方面，就题材说还是神异的，不过这些神异的东西不是超现实的，而是富有人间烟火气，有人情味。"这对《拾遗记》研究明显是一个推进。但总的来说，还是缺乏较深入的研究。李剑国的《唐前志怪小说史》⑤ 和《唐前志怪小说辑释》⑥ 对王嘉与《拾遗记》做了较深入的研究。李剑国先生对晁载之《续谈助·洞冥记跋》引唐人张柬之"虞义造《王子年拾遗录》"的

---

① （明）胡应麟：《少室山房笔丛》卷三十二，上海书店出版社2001年版。

② （清）永瑢等撰：《四库全书总目》，中华书局1965年版，第1207页。

③ 上海古籍出版社2000年版。

④ 《北京大学学报》1957年第2期。

⑤ 南开大学出版社1986年初版，天津教育出版社2006年修订版。

⑥ 上海古籍出版社1986年初版，2011年初版修订本。

说法加以明确地否定。并指出："《拾遗记》前九卷全记历史遗闻轶事"①，在范宁先生的基础上，从另一方面加以科学界定，并肯定其"为六朝志怪上乘之作"②。

陈文新的《六朝小说》③虽只是在选文前加以简介，但评价很是到位。书中说："《拾遗记》在中国志怪小说发展史上是一部地位颇高的作品。"并在引述《四库全书总目提要》"历代词人，取材不竭，亦刘勰所谓'事丰奇伟，辞富膏腴，无益经典而有助文章'者欤?"后说：

> 所谓"有助文章"，从表面看是用作词藻、典故或闲暇的话柄，而骨子里则是摆脱了实用性的奴役，从"经济"走向了审美，从历史走向了文学。其意义是重大的。

又说：

> 倘若单从对小说影响的角度来看《拾遗记》，那么，至少有两点不能忽略：一、《拾遗记》代表了"拾遗体"的最高成就，由于他的问世，"拾遗"体遂与"搜神"体、"博物"体鼎立而三。二、《拾遗记》对唐人传奇影响甚巨，王嘉有意虚构情节，"词条丰润"，与唐传奇作者的祈向已相当接近。

我认为这比以前所有学者的评价都更为恰当，更为到位。

王嘉的生平方面留下的材料太少，很多问题不是很清楚。但关于王嘉生平的研究也一直在发展之中。

从李剑国先生两部书的前后两个版本，即可看出在王嘉研究方面的进展。如关于王嘉的籍贯，两书均未取略阳说而说是"陇西安阳

---

① 李剑国：《唐前志怪小说史》，天津教育出版社2005年版，第344页。
② 李剑国：《唐前志怪小说辑释》，上海古籍出版社2011年版，第381页。
③ 文化艺术出版社1997年版。

人"。但包括修订本《唐前志怪小说史》，在安阳之后均注"今甘肃渭源县"，而修订本《唐前志怪小说史》修订本则作"今甘肃秦安县东北"。李剑国先生在该书的《后记》中说："修订参考《唐前志怪小说史》修订本，而其间乃又发现修订本疏谬之处，修订本亦将重新修订出版。"学术的发展就是这样一步一步向前发展的。为什么说注"陇西安阳"为"今甘肃渭源县"和"今秦安县东北"，都在甘肃，而注后者是学术的进步呢？因为在这个问题的背后还隐藏有一个大的学术问题：怎样才能消除王嘉为洛阳人的误说。

但是，此前毕竟没有对王嘉及其《拾遗记》作专门研究之作，未能对古代种种论述加以汇集、比较、考其得失是正，指出一些歧说产生的根源，以彻底消除疑虑，澄清迷误。

王兴芬同志为甘肃靖远县人，2007 年至 2010 年至我处问学，攻读博士学位，毕业后到西北师范大学古籍整理研究所工作，对陇右文献格外关心。2013 年她获得甘肃省哲学社会科学规划项目《王嘉与〈拾遗记〉研究》，时经三年，今完成，请我作序。我觉得她这本书下了很大工夫，在一些问题的研究上，对此前各说不仅证明哪个说法对，哪些说法不对，而且深入弄清一些误说产生的根由，使问题得以解决。关于王嘉的籍贯，梁代萧绮的《拾遗记序》、马枢的《道学传》《晋书·王嘉传》都言为"陇西安阳人"，但梁代释慧皎的《高僧传》则作"洛阳人"。释慧皎与萧绮、马枢大体同时代人，而说法不一。而且历代所置陇西郡均无安阳县，这就形成一些人表述上的歧异。王兴芬同志细致研究有关文献，指出"洛阳"乃是"略阳"之误，她举出文献中一系列将"略阳"误作"洛阳"的实例；其次，她指出此所谓"陇西"，非指陇西郡，而犹言陇右。王仲荦的《北周地理志》卷二，说明北周时陇右有安阳郡、安阳县（在今甘肃秦安县北），并注明："后魏置。"史为乐主编的《中国历史地名大辞典》也有"安阳郡"，并云：

安阳郡，北魏置，属秦州，治所在安阳县（今甘肃秦安县北伏乡，辖境相当今甘肃秦安县北部地），隋开皇三年（583）废。

又有"安阳县"条云：

> 安阳县，北魏置，为安阳郡治。治所在今甘肃秦安县北安伏乡。隋开皇十年（590）改名长川县。

改为长川县的原因应是县治在瓦亭川（今葫芦河）东岸。因西魏将北秦州改为交州（见王仲荦《北周地理考》卷二），故谭其骧主编《中国历史地图集·西魏》在原北秦州处又标"安阳郡"，在《北朝·魏·雍、秦、豳、夏等州》图中也标出在瓦亭川以东的陇城（今秦安县东北）建有略阳郡。西魏安阳县正当安阳郡郡治之地。古代郡、县的改名不一定同时进行，而且改过之后人们也常因习惯而称说旧名，文献对此的记载也不是很详细，所以，今日看来文献记载中就有一些难以衔接的环节。王兴芬同志联系前人研究成果对此加以论证，充分说明王嘉为陇西安阳县人这一说法的正确。但如将安阳解作甘肃渭源，便难以使一些事实契合无间。

王兴芬这本书对王嘉同梁谌、道安的交游及其意义，同苻坚、姚苌的关系的不同及造成的后果，也作了入情入理的分析，尤其前者，是被以往论王嘉事迹者所忽略的。

书中对王嘉包含有儒、释、道、谶纬的思想，《拾遗记》的版本与著录情况，《拾遗记》的内容与文体方面的特征，也作了全面、细致的论述，既是对以前学者研究的一个全面总结，也是一个全面地探讨与系统化，体现着她个人的一些深入思考。

本书专设一章对《拾遗记》从文学的角度加以研究。这一章有五节：

第一节是《〈拾遗记〉女性命运的文化透视》，第二节是《〈拾遗记〉神话研究》，第三节是《〈拾遗记〉的语言特色》，第四节是《有意而为的志怪小说〈拾遗记〉》，第五节是《萧绮与〈拾遗记录〉》。这五节之中都有一些精彩的分析，在此不一一罗列。如第三节列出三个问题作了重点论述：

一、鲜明的赋体特征，举了卷三写宋晋公之世善星文者神异之术的一大段文字，卷十写岱舆山的一大段文字为例；又举卷一写伏羲对人类贡献的一段文字，卷三写西王母降临时的一段文字与卷四写秦始皇起云明台的一段文字，说明《拾遗记》大量运用对句的语言特征。

二、诗文融合。对书中的七言体诗歌及六言、五言、四言、三言、杂言等诗歌加以论列，指出："上述诗歌、俚语的语言特色我们暂且不论，但这种诗文融合的语言承史而来，都比史的语言更为工整华丽却是显而易见的。"

三、形象化的语言。其中举了卷三写穆王八骏和卷七写汉宣帝时背明之国所贡五谷两段文字为例。

可以看出，兴芬同志是认真研读了《拾遗记》的文本，并且对前人的研究成果加以认真研究，吸取其长处的基础上，写成本书，其中也体现了她的思考与新见。本书细致深入，论证严密，是对《拾遗记》研究最为全面深入的一本书。

项目完成之际，她申报的国家社科基金项目"汉唐河陇地区的民间传说与文化研究"也获准立项。希望她能取得新的成果。

《王嘉与〈拾遗记〉研究》的出版，无论在揭示丝绸之路中段文字创作的成就，还是对于揭示东晋十六国之时北方社会意识形态的状况，都是有益的。当然，学术研究是不断推进的。本书的出版能引起大家对有关问题的进一步讨论，是我和王兴芬同志的共同愿望。

2016 年 11 月 2 日于滋兰斋

目　录

绪论　王嘉与《拾遗记》研究的历史回顾

　　《拾遗记》是魏晋南北朝时期志怪小说的代表作之一，作者王嘉，系东晋十六国时期有名的方士。《拾遗记》原书十九卷，二百二十篇，后因战乱散佚。到梁代，萧绮收集整理成十卷，并为之作《序》，这就是我们现在所看到的本子。《拾遗记》具有丰富的内容，集杂史、博物于一体，语言华丽奇诡，具有较高的文学成就和艺术成就。但就是这样一部具有研究价值的志怪小说，自古迄今，虽时有研究，但未给予足够的重视。现将前人及近现代学者对王嘉及《拾遗记》的有关研究成果作一初步梳理，以期对该书的进一步研究有所裨益。

一　唐前的研究

　　这一时期对《拾遗记》的研究，主要成果集中体现在梁代萧绮的《拾遗记序》及他的《拾遗记录》中，萧绮是第一个整理并研究《拾遗记》的人。在《拾遗记序》中，他对《拾遗记》的研究涉及作者、内容及语言等几个方面。在作者方面，萧绮指出："《拾遗记》者，晋陇西安阳人王嘉字子年所撰。"在内容方面，他说："（《拾遗记》）文起羲、炎已来，事迄西晋之末，五运因循，十有四代。"萧绮一方面认为《拾遗记》"殊怪必举"，"爱广尚奇，宪章稽古之文，绮综编杂之部，《山海经》所不载，夏鼎未之或存，乃集而记矣"，且"多涉祯祥之书，博采神仙之事"；另一方面又指出该书："言非浮诡，事非空诬，推详往迹，则影彻经史，考验真怪，则叶于图籍。……数运则与世推移，风政则因时迥改。"在语言方面，他说《拾遗记》

"道业远者，则辞省朴素，世德近者，则文存靡丽"①。在《拾遗记录》中，萧绮的研究则重在《拾遗记》的内容方面，他站在史家实录精神和儒家正统观念的立场上，对《拾遗记》的内容"或补正，或辩难，或发挥，或评价，随机而定"②。

二　唐代至清末的研究

1. 唐宋时期

这一时期对《拾遗记》的研究，主要集中在内容和作者两个方面。由于唐宋两代官修的正史《隋书·经籍志》《旧唐书·经籍志》《新唐书·艺文志》以及宋代的许多私修书目都把《拾遗记》著录在史部的杂史类，因此，唐宋两代研究志怪小说的学者，大都站在史家的角度来评论《拾遗记》。他们把《拾遗记》与历史进行对比，发现"十不一真"，于是，就对书中所记内容大加批判。唐代的刘知几在《史通·杂述》中说："逸事者，皆前史所遗，后人所记，求诸异说，为益实多，及妄者为之，则苟载传闻，而无铨择，由是真伪不别，是非相乱，如郭子横之《洞冥》、王子年之《拾遗》，全构虚辞，用惊愚俗，此其为弊之甚也。"他认为小说的价值应在于"自成一家，而能与正史参行"。此外，宋晁载之《续谈助》引张柬之《洞冥记跋》也说此书"操觚凿空，恣情迂诞"。

关于《拾遗记》的作者，这一时期则多有争议。《隋书·经籍志》《旧唐书·经籍志》《新唐书·艺文志》都同时著录《拾遗录》和《王子年拾遗记》两书，前者注明王嘉撰，后者则归属萧绮。晁载之《续谈助》引张柬之《洞冥记跋》则曰："虞义造《王子年拾遗录》。"就王嘉本人而言，其籍贯在这一时期也有两说。《晋书·艺术传》《云笈七签》卷一百一十《洞仙传》都曰"王嘉，字子年，陇西

---

① （晋）王嘉撰，（梁）萧绮录，齐治平校注：《拾遗记·前言》，中华书局 1981 年版，第 1 页。

② 张侃：《试谈萧绮对〈拾遗记〉的整理和批评——从小说批评史的角度加以考察》，《复旦大学学报》1995 年第 2 期。

安阳人也"。但《高僧传·释道安传》附《王嘉传》则曰："嘉字子年，洛阳人也。"

2. 元明清时期

这一时期对《拾遗记》的研究，在关注内容的同时，人们开始注意《拾遗记》在魏晋南北朝志怪小说中所具有的独特的语言特色。内容方面，仍有许多学者站在史家的角度，批判《拾遗记》内容的荒诞。明代杨慎《丹铅总录》云："今世所传《拾遗记》，嘉所著也。其书全无凭证，只讲虚空。首篇谓少昊母有桑中之行，尤为悖乱。嘉盖无德而诡隐，无才而强饰，如今之走帐黄冠，游方羽客；伪荐欺人，假丹误俗，是其故智，而移于笔札，世犹传信之，深可怪也哉！"王谟的《拾遗记跋》甚至把《拾遗记》荒诞无稽的内容与王嘉的死联系在了一起，他说："其甚者，以至以《卫风·桑中》托始皇娥，为有谣佚之行。诬罔不道如此，其见杀于苌，非不幸也。"《四库全书总目提要》卷一百四十二子部小说家类也云："其言荒诞，证以史传皆不合，如皇娥嬉歌之事，赵高登仙之说，或上诬古圣，或下奖贼臣，尤为乖忤。"除此而外，胡应麟的《少室山房笔丛》卷三十二、《四库全书简明目录》小说家类以及周中孚的《郑堂读书记》卷六十六等也都站在史家的角度，认为《拾遗记》所记，事迹奇诡，十不一真。

然而，也有学者认为，《拾遗记》所记并非全都乖迕，与史不合，仔细阅读，还是可以发现许多有价值的东西的。顾春在其《世德堂本拾遗记跋》中就指出《拾遗记》所记远方异国，奇禽异兽，并非都是怪诞无稽的，他说："邵伯温有云：'四海九州之外，何物不有，特人耳目未及，辄谓之妄'；矧邃古之事，何可必其无耶？博洽者故将有取矣。"在顾春看来，人们之所以批判《拾遗记》中所记，十无一真，是因为王嘉所记的东西都是当时人耳目所未及者，因此他批判时人对《拾遗记》内容的不公正评价，认为《拾遗记》所记内容都是可取的。另外，谭献《复堂日记》卷五也说："（《拾遗记》）文富旨荒，不为典要，少予时之论如此。今三复乃见作者之用心，奢虐之朝，阳九之运，述往事以讥切时王，所谓陈古以刺今也，篇中于忠谏之辞，兴亡之迹，三致意焉。"

从宋代陈振孙的《直斋书录解题》将《拾遗记》列入小说开始，人们对《拾遗记》的研究就不单单局限在内容方面，而是较多的关注《拾遗记》所具有的独特的语言特色。如胡应麟在批评《拾遗记》"所记无一事实者"的同时，又指出"皇娥等歌，浮艳浅薄，然词人往往用之，以境界相近故"①。顾春的《拾遗记跋》也称赞《拾遗记》"辞藻灿然"。《四库全书总目提要》对其华丽辞藻对后代词人的影响也给予了充分的肯定，认为《拾遗记》"历代词人，取材不竭，亦刘勰所谓'事丰奇伟，辞富膏腴无益经典，而有助文章'者欤"。周中孚的《郑堂读书记》则说《拾遗记》"徒以辞条丰蔚，颇有资于词章"。此外，谭献的《复堂日记》卷五也认为"《拾遗记》，艳异之祖，恢谲之尤，文富旨荒，不为典要"。

关于《拾遗记》的作者，这一时期大都认为是王嘉，只有胡应麟认为："盖即绮撰，而托之王嘉。"②

三　民国初年至今的研究

1. 民国初年至 1980 年以前

这一时期在小说研究方面，除 20 世纪 20 年代鲁迅的《中国小说史略》外，80 年代以前，致力于魏晋南北朝志怪小说研究的学者只有范宁、刘叶秋等少数几个人，这一时期发表的论文有范宁的《论魏晋志怪小说传播和知识分子思想分化的关系》、刘叶秋的《魏晋南北朝志怪小说简论》等，特别是刘叶秋，在 1961 年还出版了他研究魏晋南北朝小说的专著《魏晋南北朝小说》。上述论文或专著，在对魏晋南北朝志怪小说作综合研究的同时，也都涉及了王嘉的《拾遗记》。鲁迅先生认为《拾遗记》"文笔颇靡丽，而事皆诞谩无实，萧绮之录亦附会"③。范宁通过对志怪小说作者思想的分析，认为王嘉

①　（明）胡应麟：《少室山房笔丛》卷三十二，上海书店 2001 年版。

②　同上。

③　鲁迅：《中国小说史略》，上海古籍出版社 2000 年版，第 35 页。

"和嵇康张华干宝等人一样将神异的现象作为题材，只是写作的态度改变了，不是信仰而是玩赏"。从这一角度出发，他说："王嘉《拾遗记》里面的人物生活表面是名士的，而实质上是方士的。"在内容和艺术方面，他的见解尤为独到，他说，《拾遗记》中的某些篇章，开始出现了一点细节描写，这是技巧上的进步。"至于内容方面，就题材说还是神异的，不过这些神异的东西不是超现实的，而是富有人间烟火气，有人情味。"① 刘叶秋运用传统的文本分析法对《拾遗记》的内容作了较为详细的分析总结，认为《拾遗记》"融合神话传说，夹杂谶纬瑞应，为古代野史杂传之发展"②。作者方面，苏丰、江夏的《志怪小说作家王嘉》一文，可谓这一时期专门研究王嘉的文章，通过对王嘉生平经历及其著作《拾遗记》的探究，苏丰、江夏认为："王嘉的一生及他的《拾遗记》，可以说就是魏晋南北朝时期社会现实的反映和表现。"③

2. 1980 年迄今

从 20 世纪 80 年代迄今 30 多年来，对《拾遗记》的研究有了较大的进展。主要表现在以下几个方面：

（1）作者研究

这一时期，在对《拾遗记》的作者有着较为一致观点的前提下，对王嘉的籍贯、生卒年等则存在着较大分歧。在籍贯方面，王嘉系陇西安阳人并无疑义，但对于现今陇西安阳的归属，学术界却有着不同的看法：李剑国、侯忠义、王枝忠等认为陇西安阳乃今甘肃渭源；刘叶秋、颜廷亮等则认为陇西安阳即今甘肃秦安。王嘉的生卒年，学术界迄今也无定论。王嘉楼观道大师的身份，使得他的生卒年在南北朝隋唐时期就已经扑朔迷离。唐修《晋书》在他的本传中没有说明其生卒年即是明证。目前关于王嘉的生年有二说：

---

① 范宁：《论魏晋志怪小说传播和知识分子思想分化的关系》，《北京大学学报》1957 年第 2 期。

② 刘叶秋：《古典小说笔记论丛》，南开大学出版社 1985 年版，第 29 页。

③ 苏丰、江夏：《志怪小说作家王嘉》，《甘肃日报》1961 年 5 月 27 日。

①西晋末年说。任继愈主编《中国道教史》持此说。

②前赵中后期说。王枝忠《试论王嘉的〈拾遗记〉》一文从此说。

卒年则有以下几说：

①"公元390年左右"说。鲁迅《中国小说史略》、侯忠义《汉魏六朝小说史》等从此说。

②"公元386年前后"说。任继愈主编《中国道教史》等从此说。任先生认为，据《高僧传·释道安传》，安当卒于公元385年，"次年四月姚苌入长安称帝，十一月苻登亦称帝，与姚苌相拒"①，而王嘉正是在姚苌与苻登相拒之时被杀。据此，任先生认为，王嘉之死当在公元386年前后。

③"太元十二年（387）"说。李剑国《唐前志怪小说史》（修订本）等从此说。该说认为："王嘉被杀最早也应在太元十二年。"②

④"公元386年至393年之间"说。邵宁宁、王晶波《说苑奇葩》、颜廷亮《王嘉》等，均从此说。该说认为："按王嘉384年冬入长安，386年姚苌攻取长安，逼嘉自随，姚苌死于393年，则王嘉之死必在公元386年至393年之间。"③

⑤"公元384年至公元393年之间"说。宁稼雨《中国文言小说总目提要》、王枝忠《汉魏六朝小说史》等，均从此说。

这一时期，对王嘉籍贯、生卒年的探究，虽仍无定论，但取得的成绩是显著的。关于王嘉的思想，齐治平、李剑国、侯忠义、颜廷亮、王枝忠等都有进一步的探究，但普遍认为，"王嘉是一个道教的方士，虽一生大半时间隐居山中，但并非于世事绝不关心。实际上，他恐怕还是相当注意政局变化的"④。

---

① 任继愈：《中国道教史》，上海人民出版社1990年版，第221页。

② 李剑国：《唐前志怪小说史》（修订版），天津教育出版社2005年版，第341页。

③ 邵宁宁、王晶波：《说苑奇葩》，甘肃教育出版社1999年版，第31页。

④ 颜廷亮：《王嘉》，《甘肃文艺》1980年第5期。

（2）文本研究

20 世纪 80 年代以来，对《拾遗记》的研究出现了向文本转向的新趋势，并向当代文学研究方法多元化发展的潮流，使得对《拾遗记》的研究，除继续运用传统的内容、艺术成就两分法来解析文本外，也开始借助文化学、民俗学、叙事学、历史学、美学等多重视角来重新观照与审读文本。齐治平、李剑国、侯忠义、吴志达以及宁稼雨等诸位先生都运用传统文本分析的方法对《拾遗记》的内容和艺术特色作了较为详细的分析。陈文新的论著《中国文言小说审美发展史》[①]、王晶波的论文《论〈拾遗记〉的唯美倾向》[②] 从美学的角度重新阐释了《拾遗记》，认为《拾遗记》不论是环境描写，人物描写，叙事语言，还是体例，都具有唯美的倾向。杨义则借用文化学、叙事学的方法，对《拾遗记》作了更加深入的探析，他说："干宝的《搜神记》和王嘉的《拾遗记》至有成就，从中足以窥见志怪小说的叙事神采、艺术渊源和作者类型。"通过对《拾遗记》卷五"怨碑"一事的分析，杨先生进而认为"（怨碑条）行文是以金凫和匠人为两个基本意象，切割、折叠合贯串时间因素，把秦世、汉初、盛汉等几个时代，以及秦始皇冢内、冢外两个空间聚于一炉，显示了当时小说中相当出色的叙事操作能力"[③]。特别值得一提的是，邵宁宁、王晶波两位老师的《说苑奇葩》一书，对《拾遗记》从传统文本分析的角度进行研究的同时，在内容方面涉及了神话与传说、女性、名士生活轶事等几个前人未曾关注的方面，使人耳目为之一新。另外，薛克翘的《〈拾遗记〉杂谈》[④] 一文从宗教学角度，薛瑞泽《〈拾遗记〉中洛阳史事述要》[⑤] 一文从历史学角度等都对《拾遗记》从各个方面进行了探析。除了从文本角度研究外，这一时期，齐治平的《拾遗

---

① 武汉大学出版社 2002 年版。

② 《西北师范大学学报》2003 年第 1 期。

③ 杨义：《汉魏六朝志怪书的神秘主义幻想》，《齐鲁学刊》1991 年第 5 期。

④ 《南亚研究》1996 年第 Z1 期。

⑤ 《中州古今》1994 年第 6 期。

记》校注本，陈君丽的《〈拾遗记〉校勘》① 一文等力图从校勘学的角度解读《拾遗记》。关于《拾遗记》的版本，李剑国、齐治平都有初步的探讨。张侃的《试谈萧绮对〈拾遗记〉的整理和批评——从小说批评史的角度加以考察》一文，则是目前所见，从小说批评史的角度对萧绮的"录"作了较为全面系统研究的文章。

需要注意的是，近年来，研究王嘉及《拾遗记》的多篇硕士毕业论文也从各个方面对王嘉及《拾遗记》进行了多方位的考察，陈君丽的《〈拾遗记〉校勘及语词分析》②、李倩的《〈拾遗记〉副词研究》③、谭晓花的《〈拾遗记〉名词研究》④ 等从校勘学或语言学的角度，张春红的《〈拾遗记〉考论》⑤、吴蓉的《〈拾遗记〉研究》⑥、朱莉莉的《〈拾遗记〉作者、版本及文学性研究》⑦、孙勇的《王嘉及〈拾遗记〉研究》⑧、姜乃菡的《〈拾遗记〉研究》⑨、杨寿苹的《〈拾遗记〉三论》⑩ 等均从作者与文本的角度对王嘉及《拾遗记》进行了多方面的探究。

回顾前人对《拾遗记》的研究，的确取得了很大的成绩，但是，我们也应该看到，由于目前所见有关《拾遗记》的材料有限，不少问题还需要进一步深入探讨。就王嘉的生平而言，其卒年籍贯等问题长期以来就一直难以弄清。此外，《拾遗记》的体例、历代的著录及版本情况，《拾遗记》在内容方面涉及的一些主要问题如女性、神话，《拾遗记》的语言艺术，萧绮的《拾遗记录》等方面都没有给予系统的整理和研究。所有这些问题，还有待来日作进一步的深入探究。

---

① 《杭州师范学院学报》（医学版）2005 年第 4 期。

② 硕士学位论文，浙江大学，2003 年。

③ 硕士学位论文，曲阜师范大学，2011 年。

④ 硕士学位论文，重庆师范大学，2011 年。

⑤ 硕士学位论文，西藏民族学院，2008 年。

⑥ 硕士学位论文，南京师范大学，2008 年。

⑦ 硕士学位论文，山东大学，2008 年。

⑧ 硕士学位论文，兰州大学，2010 年。

⑨ 硕士学位论文，广西师范大学，2011 年。

⑩ 硕士学位论文，山东大学，2011 年。

第一章　王嘉的生平与思想

第一节　王嘉的生平、交游与著述

王嘉，字子年，东晋十六国时期前秦著名的方士。王嘉早年隐于东阳谷，凿崖穴而居，"石季龙之末，弃其徒众，至长安，潜隐于终南山"①，其门徒闻而时来侯之，于是迁居倒兽山。苻坚多次征召，遂至长安为苻坚出谋划策，苻坚待之如上宾。苻坚兵败被杀，姚苌入长安，"礼嘉如苻坚故事"，"逼以自随，每事咨之"②。后姚苌与苻登两军相持，久不能取胜，问王嘉什么时候能够杀了苻登统一天下，王嘉回答说："略得之。"姚苌大怒道："得就是得，略得是什么意思？"一气之下杀了王嘉。

王嘉其人，历来争议颇多。《晋书·王嘉传》称"（嘉）轻举止，丑形貌，外若不足，内聪慧明敏，便滑稽，好笑语，不食五谷，不衣美丽，清虚服气，不与世人交往"。他的死更是充满了神异的色彩，本传说，"嘉死之日，人有陇上见之"。《云笈七签》卷一百一十《洞仙传》亦称："苌先使人陇右，逢嘉将两弟子，计以千余里，正是诛日。嘉使书于苌，苌令发嘉及二弟子棺，并无尸，各有竹杖一枚。"王嘉生前，去拜访他的人，心诚则见，心不诚的，则隐身不见，"衣服在架，履杖犹在地，或取其衣者，终不及，企而取之，衣架蹄高，

---

① （唐）房玄龄等撰：《晋书·王嘉传》，中华书局 1974 年版，第 2496 页。

② 同上。

而屋亦不大"①。实际上，所有这些，都与王嘉特殊的身份有关。据《三洞群仙录》《终南山说经台历代真仙碑记》《仙苑编珠》等道书记载，王嘉是楼观派的大师。楼观派是东晋至南北朝的道教改革中演变而成的官方化的新道派之一，它的产生，源于魏晋之际关中地区出现的一个神仙道教团体。楼观道派崇奉老子及关令尹喜，以他们为教祖，但并非可靠，可能只是后代楼观道士为标榜其教"灵源弥远，仙派弥长"而编造的神话。然而，此派的传承却较为可信，这一教派在魏晋南北朝的传承大致如下：

郑法师（尹规，尹喜之弟）——梁谌——王嘉——孙彻——马俭——尹通——牛文侯……②

王嘉的师父梁谌，字考成，京兆扶风人。陈国符的《道藏源流考》附录一引《楼观传》云："魏元帝咸熙初，道士梁谌事郑法师于楼观。……晋惠帝永兴二年，太和真人尹轨降于楼观，授梁谌以日月黄华上经，水石丹法，并授楼观先生《本起内传》一卷。"其后，梁谌遂隐于终南修道，至晋元帝大兴元年（318），告别弟子王子年飞升而去。上述梁谌事迹，虽也有神话传说成分，但大致可以相信其人为魏晋间方士。其师郑法师及神仙尹规，或亦为魏晋时人。据此可见，楼观派是以炼丹、服食为主的一个神仙道教团体，王嘉即被称为大炼师。所以，在该派的道徒看来，楼观道的大师们应该都是仙人。王嘉的卒年历来扑朔迷离，究其原因，这是该派的徒子徒孙们为了解决王嘉被姚苌所杀的历史事实，和他们所宣传的楼观大师们都是仙人之间的矛盾而编造的一个合理的理由。正因为如此，虽然《晋书》本传以及《三洞群仙录》《终南山说经台历代真仙碑记》《仙苑编珠》等史籍对王嘉生平事迹都有记载，但所有的记述都极其简单而又充满神秘的色彩，以致其籍贯、卒年以及被杀原因等问题历来颇多争议。

_____

① （唐）房玄龄等撰：《晋书·王嘉传》，第2496页。
② 参见任继愈主编《中国道教史》，上海人民出版社1990年版，第230页。

有鉴于此，笔者在广泛搜集相关史料的基础上，对王嘉的籍贯、卒年、交游、著述等重新予以考证，以期抛砖引玉。

一　籍贯

王嘉的籍贯，今存两说："陇西安阳"说和"洛阳"说。"陇西安阳"说出自梁代萧绮《拾遗记序》、南朝马枢《道学传》以及唐修《晋书》等；"洛阳"说则出自梁释慧皎《高僧传》。现将两说有关文献材料分别摘录如下：

1. 萧绮在《拾遗记序》中说："《拾遗记》者，晋陇西安阳人王嘉字子年所撰。"

2. 马枢《道学传》云："王嘉，字子年，晋陇西安阳人也。"

3.《晋书·王嘉传》云："王嘉，字子年，陇西安阳人也。"

4.《高僧传·释道安传》附《王嘉传》曰："嘉，字子年，洛阳人。"

萧绮和马枢同为六朝时人，距王嘉生活的年代较近，《晋书》是唐修的官书，以上三说一致，应该是可信的。所以历代学人大多认为，王嘉为陇西安阳人。那么"洛阳说"从何而来呢？萧绮和释慧皎俱为南朝梁人，因此，他们对王嘉生平事迹的了解应该不会有很大的出入，《高僧传》中"嘉，字子年，洛阳人"的说法很可能另有原因。笔者认为，"洛阳"应该是"略阳"的误写。理由如下：

南北朝时期的一些史籍中，往往"洛阳""略阳"不分（出现这种情况的原因，或许是当时人之误，或许是后世传刻之误）。北魏崔鸿所著《十六国春秋》《别本十六国春秋》二书，这种情况屡见不鲜。如：

1.《十六国春秋》卷八十一云："吕光，字世明，略阳氐人也。"而《别本十六国春秋》卷十二又曰："吕光，字世明，洛阳人，其先自沛迁洛阳，因家焉，世为氐酋。"从"氐人""世为氐酋"等就可以推断，此处"洛阳"应作"略阳"。

2.《别本十六国春秋》卷五说："李特，字玄休，巴西宕渠人，其先廪君之苗裔，秦并天下以为黔中君，……及魏武克汉中，特祖父虎将五百家归魏，魏武嘉之，迁略阳，拜虎为将军。"四库本此句中"略阳"下注云："一作洛阳。"

3.《十六国春秋》卷五十二曰："宇文活泼，河南略阳人也，其先南单于之远属。"考河南并无"略阳"，此处的"略阳"应为"洛阳"。

另外，这一时期的正史中，"略阳""洛阳"不分的情况也很多。如：

1.《晋书》卷四《孝惠帝纪》云："益州刺史赵廞与略阳流人李庠害成都内史耿胜、犍为太守李密、汶山太守霍固、西夷校尉陈总，据成都反。"中华书局1974年版校点本"益州刺史赵廞与略阳流人李庠害成都内史耿胜"句下注曰："略阳"，原作"洛阳"，依《商榷》校改。下永宁元年文及《李特载记》亦作"洛阳"。

2.《宋书》卷四十七《孟怀玉传》曰："略阳苻昭，诚系本朝，亦同斯举，俘擒伪将，独克武兴，推锋致郊，陨命寇手。"中华书局1974年版校点本"略阳苻昭"句下注曰："略阳"各本并作"洛阳"。张森楷校勘记云："洛阳当作略阳。"按张说是，略阳为氐族聚居之地，今改正。

3.《周书》卷二十二《周惠连传》曰："太祖平侯莫陈悦，除景洛阳郡守，寻兼行台左丞，留守原州。"中华书局1971年版校点本"除景洛阳郡守"句下注曰：张森楷云："'洛'疑当作'略'，以略阳是陇右地，而洛阳非宇文泰此时所有。"

由此可见，当时的很多史籍中，"洛阳""略阳"时有相混。据萧绮、马枢等"王嘉陇西人"的说法，《高僧传》中的"洛阳"应系"略阳"之误。

《道学传》《晋书》以及萧绮等记述，王嘉属"陇西安阳"人，但历代所置"陇西郡"均无"安阳县"，这是因为此处的"陇西"非指"陇西郡"，而是泛指陇山以西之地，成纪一带。《陇西志·沿革志》"陇西在上古为成纪地"一句下注："按《旧志》，成纪者，因伏羲始化八卦，而成纲纪也。其地幅员甚广，今临洮府兰州以下，凤翔府陇州以西皆是。"那么，此处的"安阳"指何处？"安阳"与上述

"略阳"之间又有何联系？

对于"安阳"的归属，齐治平先生《拾遗记后序》"王嘉，字子年，陇西安阳人也"下注："案《地理志》，陇西郡无安阳县，疑是苻坚所置。"但据《晋书·苻洪、苻坚载记》，苻洪原为略阳临渭氐人，后"从石季龙徙邺，家于永贵里"。又《资治通鉴·晋记二十四》曰："十一月，秦王坚留李威辅太子守长安，阳平公融镇洛阳，自率精锐十万赴邺，七日而至安阳，宴祖父时古老。"胡三省在"安阳"下注曰："《晋志》：安阳县属魏郡。魏收《志》曰：天平初，并荡阴，安阳属邺。又汲郡北修武县有安阳城。"邺在十六国时期属魏郡，可见安阳就在邺的附近。既然苻坚从小生长在安阳附近的邺县，且在他登上皇帝位后，于公元370年11月还曾到过那里，因此笔者以为，他也就不会在陇西郡再置一个"安阳"，齐治平先生的"陇西安阳为苻坚所置"这一推断似不大可能成立。

笔者以为，王嘉的籍贯"陇西安阳"是北魏后期北秦州地所置安阳郡所在的安阳县。而北魏后期所置"安阳郡"下属的"安阳县"，北魏初极有可能隶属于"略阳郡"。现论述如下：

据王仲荦《北周地理志》卷二，北周陇右地区的交州置安阳郡、安阳县（今甘肃秦安县北）。王先生在"安阳郡""安阳"下均注："后魏置。"至于废除"安阳郡""安阳县"的具体时间，王先生云："《隋书·地理志》：'长川，后魏置安阳郡，开皇三年郡废。'"又，史为乐主编《中国历史地名大辞典》"安阳郡"下也说："安阳郡，北魏置，属秦州。治所在安阳县（今甘肃秦安县北安伏乡），辖境相当今甘肃秦安县北部地，隋开皇三年（583）废。"同样，本书在"安阳县"下有一条也说："安阳县，北魏置，为安阳郡治。治所在今甘肃秦安县北安伏乡。隋开皇十年（590）改名为长川县。"然而查《中国历史地图集》，北魏时秦州地并没有安阳郡安阳县。然西魏时的北秦州地则设有"安阳郡"；除此之外，北周的交州地也置有"安阳郡"。王仲荦《北周地理志》卷二"交州""西魏置北秦州，后改曰交州"下注云："《周书·文帝纪》：'魏废帝三年正月，改北秦为交州。'"可见，西魏时的"北秦州"和北周时的"交州"属于同一个地方，隶属北魏时的秦州。这就说明历史上，陇西成纪地确实曾置过安阳郡安阳县，只是到隋代就被废除了。地图上没有标出北魏所置安阳郡安阳县，主要原因在于安阳郡是北魏后期所置，且设置后不久，北魏即分裂为西魏和东魏，所以只在西魏疆域图上标明"安阳郡"。

　　既然"安阳郡"为北魏后期所置，那么，建立于北魏中后期的南朝梁代，在其后期则与北朝的东魏西魏处在同一历史时期。就萧绮本人而言，他生活的年代及其身份，在其所作《拾遗记序》"王纲迁号，五都沦覆，河洛之地，没为戎墟，宫室榛芜，书藏埋毁""皇图帝册，殆无一存"等句中就有所影射。且据《周书·文帝纪》载："辛亥，进攻城，其日克之。擒梁元帝，杀之，并虏其百官及士民以归。没为奴婢者十余万，其免者二百余家。"又，考梁代后期萧统、萧纲、萧纪、萧绎等皇室成员的名字，可以看到，萧绮与他们一样，都是两个字，且后一字均为"绞丝"旁。因此，联系萧绮《拾遗记序》的记述、梁代后期梁元帝被杀士民被掳的混乱局面以及梁代后期皇室成员名字的特点等一系列证据，笔者以为，萧绮极有可能是生活在梁代后期的皇室宗亲，与萧统、萧纲等为同辈。如果萧绮真为梁代宗室，那他也极有可能在被虏之列，且从《拾遗记序》中的记述可以看出，他整理《拾遗记》一定是在被俘之后。既然《拾遗记》是萧绮到北朝以后才做的整理，那么，他在为之作序时，也就很自然的运用了当时北周的地名，将王嘉的籍贯定为"陇西安阳"。

　　至于《高僧传》所说的"略阳"，实际上是指北魏前期所置的"略阳郡"。如前所述，作为一个生活在梁代的高僧，释慧皎应该相当熟悉与他同时代北魏的郡县地名。从《魏书·地形志》可知，北魏前期的"略阳郡"，下属安戎、绵诸、陇城（北周时改为略阳）、清水、河阳五县。而北魏后期所置"安阳郡"所在的"安阳县"，从谭其骧先生主编的《中国历史地理图集》看，北魏前期属于"略阳郡"。因此，笔者以为，由于王嘉的家乡，北魏后期所置"安阳郡"下属的"安阳县"，在北魏初期还隶属于"略阳郡"，所以，《高僧传》的作者释慧皎，在为王嘉作传时，说他是"略阳"人。由此可见，《高僧传》所说"略阳"是指北魏前期的"略阳郡"，萧绮所说的"安阳"则是西魏北周时的郡县名。而《道学传》《晋书》等王嘉"陇西安阳人"的说法，显而易见，是承萧绮《拾遗记序》而来的。

综上所述，以上关于王嘉籍贯的两种说法都是有现实依据的。历代学者大多认为"陇西安阳"说正确，是由于历来很少有学者探究"洛阳"与"略阳"以及"略阳"与"安阳"的关系，如果了解了当时文献中"略阳"往往被写作"洛阳"及"略阳"与"安阳"的沿革情况、隶属关系，问题就清楚了。

二　卒年

由于史料所限，王嘉的生年很难考证，因此很少有学者涉及。下面笔者就王嘉的卒年问题略加论证。

王嘉为后秦姚苌所杀，历来争议不大。梁释慧皎《高僧传·释道安传》云："晋太元十年，道安未终之前，隐士王嘉往侯安，安曰：'世事如此，行将及人，相与去乎？'嘉曰：'诚如所言，师且前行，仆有小债未了，不得俱去。'""俄而道安亡而嘉戮，可谓'负债'乎！"[1] 又《晋书·王嘉传》也说："苌既与苻登相持，问嘉曰：'吾得杀苻登定天下否？'嘉曰：'略得之。'苌怒曰：'得当云得，何略之有？'遂斩之。"唐以后的研究者大都沿用了上述说法。至于王嘉确切的卒年，清代以前尚没有定论。

现当代学者大都认为，王嘉当卒于姚苌在位的公元 384 年到公元 393 年。但就王嘉被杀到底接近这段时间哪几年的问题，各家则存在很大分歧，主要有以下几种说法：

1. "公元 390 年左右"说。鲁迅的《中国小说史略》、侯忠义的《汉魏六朝小说史》等从此说。

2. "公元 386 年前后"说。任继愈主编的《中国道教史》等从此说。任先生认为，据《高僧传·释道安传》，安当卒于公元 385 年，

---

[1] （唐）房玄龄等撰：《晋书》卷九十五《王嘉传》，第 2497 页。

"次年四月姚苌入长安称帝，十一月符登亦称帝，与姚苌相拒"①，而王嘉正是在姚苌与符登相拒之时被杀。据此，任先生认为，王嘉之死当在公元386年前后。

3. "太元十二年（387）"说。李剑国的《唐前志怪小说史》（修订本）等从此说。该说认为："王嘉被杀最早也应在太元十二年。"②

4. "公元386年至393年之间"说。邵宁宁、王晶波的《说苑奇葩》、颜廷亮的《王嘉》等，均从此说。该说认为："按王嘉384年冬入长安，386年姚苌攻取长安，逼嘉自随，姚苌死于393年，则王嘉之死必在公元386年至393年之间。"③

5. "公元384年至公元393年之间"说。宁稼雨的《中国文言小说总目提要》、王枝忠的《汉魏六朝小说史》等，均从此说。

可以看到，以上各家立论均依据唐修《晋书》和梁释慧皎《高僧传》中的《王嘉传》，但各家对自己的说法都未作专门的论证，且大都是在简述王嘉生平事迹或论及其作《拾遗记》时提到的。就王嘉本人而言，由于史料所限，很难考证其死亡的确切年代。但其卒年到底接近这段时间里哪几年的问题，并非无稽可考。笔者认为，王嘉当卒于公元387年到公元389年8月，鲁迅和李剑国两位先生的说法较为可信。理由如下：

根据前述任继愈先生的说法，释道安卒于公元385年。386年4月姚苌入长安称帝，386年11月符坚之子符登也称帝，始与姚苌相持。又，根据《晋书·王嘉传》，王嘉是姚苌与符登相持时被杀，查"相持"一词可知："持，抗衡，对抗。"如《左传·昭公元年》："子与子家持之。"孔颖达疏："持其两端，无所取与，是持之也。弈棋谓不能相害为持，意亦同于此也。"《围棋义例·诠释》："持，和也。两棋相围，而皆不死不活曰持。有两棋皆无眼者，有两棋各有劫者，各一眼活者……该取其鹬蚌相持之义。"可见，"相持"即互相

① 任继愈：《中国道教史》，上海人民出版社1990年版，第221页。
② 李剑国：《唐前志怪小说史》（修订版），天津教育出版社2005年版，第341页。
③ 邵宁宁、王晶波：《说苑奇葩》，甘肃教育出版社1999年版，第31页。

对抗，不分胜负。《晋书·苻登载记》曰："登率众下陇入朝那，姚苌据武都相持，累战互有胜负。"由此可见，相持的最初阶段，两军是不分胜负的。笔者以为，既然双方在这一阶段各有胜负，那么，从公元 386 年 11 月至 387 年 1 月短短两个月的时间里，姚苌似乎还不大可能有杀王嘉的念头。且据史书记载，姚苌入长安之初，曾对王嘉抱有很大的期望，他希望王嘉也能像辅佐苻坚一样帮助自己平定天下，因此他"礼嘉如苻坚故事"。就是在与苻登相持有胜有败的最初阶段，对于王嘉表现出的不合作态度，姚苌也不会因此恼怒而杀了王嘉。原因在于：一方面，他占领了长安，杀了苻坚，而王嘉作为苻坚的谋臣，则做了俘虏。因此，在姚苌看来，王嘉此时的不合作态度，是很正常的；另一方面，也是更为重要的方面还在于，在他刚刚称帝，平定天下的关键时刻，笼络人心才是最主要的。由此可见，王嘉绝不可能在公元 386 年被杀。

然而据《晋书·苻登载记》，两军在相持一段时间之后，姚苌开始处于劣势，且屡战屡败。"苌以登频战辄胜，谓坚有神验，亦于军中立坚神主。"① 他求助于苻坚，想扭转战局，但适得其反，不但没有达到预想的效果，反而引来更大的麻烦："苌自立坚神像，战未有利，军中每夜惊恐，乃严鼓斩像首以送登。"② 可以想见姚苌当时无计可施、心急如焚、气急败坏的狼狈相。

在姚苌屡战屡败的情况下，他既然连苻坚的神像也可以立在军中，那么，询问王嘉之事极有可能就发生在这段时间。姚苌求胜心切，极想得到一个满意的答复，王嘉的回答却"辞似谶记，不可领解"。以姚苌当时的心情，加之王嘉长时期的不合作态度，他杀王嘉也就完全在情理之中了。因为，此后不久，姚苌便大败苻登，且直到他去世，一直处于优势。在他屡战屡胜的情况下，由于一个无关痛痒的回答杀王嘉似不大可能，也不合情理。据《晋书·苻登载记》记载："苌率骑三万夜袭大界营，陷之，杀登妻毛氏及其子弁、尚，擒

---

① （唐）房玄龄等撰：《晋书》卷一百十五《苻登载记》，第 2950 页。
② 同上。

名将数十人，驱掠男女五万余口而去。"《晋书·孝武帝本纪》亦曰：
"八月，姚苌袭破苻登，获其伪后毛氏。"八月即孝武帝太元十四年
八月，也即公元 389 年 8 月。这场战争，使得苻登的实力丧失殆尽，
虽然后来他也曾受郭质、雷恶地之应，但从史书记载来看，至姚苌去
世，苻登很少再打过胜仗。因此笔者以为，公元 389 年 8 月的这场战
争之后，苻登不再和姚苌构成相持之势，而开始明显地处于劣势，姚
苌虽未能杀苻登，但此时已胜利在握，只是一个时间的问题

综上所述，笔者认为，更确切一点论，王嘉当卒于公元 387 年至
公元 389 年 8 月。

通过对王嘉籍贯卒年的考论，可以做如下初步的推断：王嘉应为
陇西安阳（即今甘肃秦安县一带）人，《高僧传》中"嘉，字子年，
洛阳人"中的"洛阳"应该是"略阳"的误写；其卒年应在公元 387
年至公元 389 年 8 月。

三　交游

王嘉的一生，考其作品《拾遗记》及相关的史书，与他交游者不
多，他早年师事梁谌，后又与释道安同在长安苻坚治下，交往甚密。
苻坚兵败，姚苌入长安，"逼以自随"，直至被杀。这几个人对王嘉
都影响甚深。

（1）与梁谌、道安的交游。如前所述，梁谌主要活动于西晋，卒
于东晋初。从楼观派的传承来看，他虽然师事郑法师，实际上是该派
的开创者。据《历世真仙体道通鉴》记载梁谌于"大魏元帝咸熙初，
事郑法师于楼观，时年十七。……至晋惠帝永兴三年乙丑五月五日，
老君命真人尹轨降于楼观，乃尽弟子之礼事之……后隐于终南山"[1]。
梁谌具有炼气隐形之法，水石还丹之术及采服日月黄华之法。王嘉作
为楼观派的传承者，也精通修炼方术，且符箓与丹鼎皆习，并被奉送
"大炼师"的美名。可见二人在道术方面是有传承的。虽然二人存在

---

① （元）赵道一：《历世真仙体道通鉴》（《道藏》第五册），北京文物出版社 1988 年
版，第 357 页。

师承关系，但很少有史料记载梁谌与王嘉的交往过程，学界也多认为王嘉没有直接师事梁谌，"据《楼观道内传》及《历代真仙体道通鉴》所载，咸熙初（约264）梁谌年十七，元帝大兴元年（318）'白日飞升'，可推知梁谌大约生于公元247年，终年71岁。这距离王嘉隐居终南山（公元348年前后）已经有30多年的历史，另据《历代真仙体道通鉴》云晋惠帝永安二年（305）梁谌得道于楼观，距离王嘉隐居终南山（约348）已有40多年的历史，在此之前，并无记载显示王嘉曾到过楼观，因而二人的师承关系在无其他史料明确记载下显得较为牵强。梁谌与王嘉没有直接的师承关系。"① 如前所述，虽然二人没有直接的师承关系，但王嘉在一定程度上传承了梁谌的道术，这是毫无疑问的。

王嘉与道安的交往始于二人同在长安前秦苻坚朝。道安是一位高僧，苻坚深为道安的道德学问所折服，并被誉为一国之"神器"。王嘉是一位有名的方士，他被姚苌杀害，"苻登设坛哭之，赠太师，谥文定公"②。他们同在苻坚朝受到很高的礼遇，共同为苻坚出谋划策，交往甚深。《晋书·王嘉传》曰："先释道安疾殛，使谓嘉曰：'世故方殷，可以同行矣！'嘉曰：'师先行，吾负债于人，未果去得。'俄然道安亡而嘉戮，可谓'负债'乎！"梁代释慧皎《高僧传·道安传》也说道安"未终之前，隐士王嘉往候安，安曰：'世事如此，行将及人，相与去乎？'嘉曰：'诚如所言，师并前往，仆有小债未了，不得俱去。'及姚苌之得长安也，嘉时故在城内，苌与苻登相持甚久，苌乃问嘉：'朕当得登不？'答曰：'略得。'苌怒曰：'得当言得，何略之有？'遂斩之，此嘉所谓负债者也"。由此可见二人关系非同一般。这一僧一道的挚交，也是历来被人们传为佳话。

然而，众所周知，东晋十六国时期，佛教开始在中国立稳脚跟并逐渐兴盛起来。这一时期的佛教也开始了与道教展开争夺地位的斗争。因此，佛教徒与道教徒的关系也就变得逐渐紧张了起来。在那样

---

① 姜乃菡：《〈拾遗记〉研究》，硕士学位论文，广西师范大学，2008年。

② （唐）房玄龄等撰：《晋书·王嘉传》，第2497页。

一个佛道二教互相抵侮的年代，道安与王嘉的关系还能如此亲密就让很多人百思不得其解。实际上，如果了解了楼观道、佛教在东晋十六国时的具体境况以及王嘉、道安的思想，这个问题并不难理解。

由于楼观道派崇奉老子及关令尹喜，以他们为教祖，所以许多的楼观道徒认为，楼观道派正式形成的年代极为久远，至迟应在西周时期。然而，据卿希泰主编《中国道教》载，通过对有关资料的核查，陕西省的周至县楼观，自三国末期起，始有道士隐居修道。继之者有其弟子梁谌，活动于西晋，接着又有王嘉、孙彻、马俭等，活动于东晋十六国时。由此可见，截至东晋末年，楼观道士仍然很少，且对社会影响甚微。表明在那之前，楼观道尚未形成一个有一定特征和一定内聚力的道派。因此，卿先生认为，楼观道正式形成一个对社会产生影响的道派，应该始于北魏太武帝时期。他进一步论证说："据《仙苑编珠》所引《楼观传》和《历世真仙体道通鉴》卷三十所编楼观道士诸传记载，楼观道士除修习上述诸经外，还传习多种上清经……和少数灵宝经和三皇文。上清经和灵宝经皆肇造于东晋中叶，至东晋末和南北朝初始广泛传播，楼观士传习上述经书，当在北朝初叶以后。由此又从另一侧面证明楼观道确实形成于北魏时期。"①

既然楼观道在东晋十六国时期尚未形成正式的道派，那么，王嘉楼观道大师的称谓也就无从谈起。现在看来，这应该是北魏以后的楼观道徒对王嘉的尊称。实际上，王嘉在当时只是一个很有名气的道教方士。同时，在佛教这一外来宗教还没有完全在中国立稳脚跟之前，老子化胡说不但不是攻击佛教的理论依据，相反在魏晋时期还曾一度被看成是佛道相融合的表现而被佛教徒默认。这说明东晋十六国时期，道教与佛教之间虽存在斗争，但并不激烈，道教与佛教之间最激烈的斗争当发生在南北朝时期。所以，在当时道教徒与佛教徒之间的交往还是很频繁的，道士王嘉与高僧道安的密切交往也就成了很平常的事。

除此而外，《晋书·王嘉传》称："（嘉）轻举止，丑形貌，外若

---

① 卿希泰主编：《中国道教》，知识出版社1994年版，第115页。

不足，内聪慧明敏，便滑稽，好笑语。"《高僧传·释道安传》也说："（安）神形聪明而形貌甚陋，不为师之所重。……众见形貌不称，咸共轻之。"然而在苻坚朝，二人均受到很高的礼遇，他们共同效力于前秦苻坚，说明二人在政治上的立场也是大致相同的。据此，笔者猜测，王嘉与道安的密切交往很可能还与二人特殊的相貌及大致相同的政治主张有关，正是由于他们所具有的丑陋的外形、高深的学问和大致相同的政治追求，才使得他们更加的看重对方，惺惺相惜。那么二人在交往的过程中成为生死之交也就不难理解了。

关系密切必然在思想上互相影响，王嘉道安也不例外。高僧道安在虔诚地服膺于佛教教义的同时，受中国传统文化以及道教的影响是很深的。据有关史料记载，道安对佛教教义的解释，都安置在《老》《庄》和贵无派玄学的哲学基础上，从而使佛教蒙上了浓郁的玄学色彩。他所讲《般若经》，其形式与老庄玄学实无明显的分别，从而开创了佛教史上著名的一派般若学。他的弟子慧远也是"少为诸生，博综六经，尤善庄老"。实际上，当时著名的佛教般若学者几乎没有不研习《老》《庄》的。而他们研究的《老》《庄》之学，同时也是著名的道教经典。道安作为佛教般若学的开创者，他用《老》《庄》思想对佛教教义的解释，也就使得佛教与道教有了很多相通之处，他本人受道教思想的影响则更是不言而喻。

与道安深受儒道思想影响一样，王嘉在与道安的交往过程中也受到了来自佛学的影响，下文将集中探讨王嘉的佛学思想，兹不具述。

（2）与苻坚、姚苌的交游。苻坚是东晋十六国时期，北方各国中较为英明的君主，他礼贤下士，求贤若渴。他仰慕王嘉的才智，多次征召，王嘉至长安，受到苻坚很高的礼遇。《晋书·苻坚载记》曰："坚遣鸿胪郝稚徵处士王嘉于倒兽山。既至，坚每日召嘉与道安于外殿，动静咨问之。"王嘉以冷静的眼光洞察时事，因此虽然他言如谶记，但事多应验，深得苻坚的信任。《晋书·苻坚载记》曰："慕容暐入见东堂，稽首谢曰：'弟冲不识义方，孤背国恩，臣罪应万死。陛下垂天之容，臣二子昨婚，明当三日，愚欲暂屈銮驾，幸臣私第。'坚许之。暐出，嘉曰：'椎芦作蓬蒻，不成文章，会天下雨，不得杀羊.' 坚与群臣莫之能解。是夜大雨，晨不果出。"另外，《晋书·王嘉传》及其他史料中也多记有这样的例子，苻坚与王嘉之间的交往，主要在政治领域，他更多地把王嘉看成是自己的政治谋士。

姚苌与王嘉的关系不如王嘉与苻坚那样融洽。苻坚一意孤行，坚持东征，不听道安、王嘉劝谏，最终兵败被杀。但从总体上来看，他还是一个较为英明的君主，能够礼士安民，深得人民的拥护。而在王嘉看来，较之苻坚，姚苌则更为残暴。长安被姚苌攻克时，王嘉正在城中，因此虽然姚苌"礼嘉如苻坚故事"，但王嘉似乎并不领情，姚苌也只好"逼以自随"了。正是这种不合作的态度，才导致王嘉最终被姚苌所杀。

综观上文，王嘉一生做事慎重，"不与世人交往"。因此，与他交往的大都是志趣高雅之人，他与梁谌、道安的交往表现出他在思想道义上的追求，他与苻坚、姚苌的交往则体现出他在政治上的态度和立场。

四 著述

王嘉一生著述不多，《晋书》本传云："其所造《三章歌谶》①，事过皆验，累世又传之。又著《拾遗记》十卷，其事多诡怪，今行于世。"另外，《隋书·经籍志》"谶书类"著录《王子年歌》一卷。今天所能见到的王嘉的著作，只有《拾遗记》十卷，《三章歌谶》已失传，《王子年歌》也已散佚，仅《南齐书·祥瑞志》《南史·齐高帝纪》录有《王子年歌》数首，现摘录如下：

《南齐书·祥瑞志》：

《王子年歌》曰："金刀治世后遂苦，帝王混乱天神怒，灾异屡见戒人主，三分二叛失州土，三王九江一在吴，余悉稚小早少孤，一国二主天所驱。"

歌又曰："三禾掺掺林茂辇了，金刀利刃齐刈之。"

歌又曰："欲知其姓草肃肃。谷中最细低头熟。鳞身甲体永

---

① 今《晋书》作《牵三歌谶》。

兴福。"

《南史·齐高帝纪》：

《王子年歌》曰："欲知其姓草肃肃。谷中最细低头熟。鳞身甲体永兴福。"

又歌曰："三禾掺掺林茂孳了，金刀利刃齐刈之。"

从现存三首可以看到，《王子年歌》中所载均为谶语。另外，据有关道书记载，王嘉也曾撰集过有关"禹步"之文，"便成九十余条种"①。但这只是一种道教徒的修炼之法，并无多少实际意义。

通过对《晋书·王嘉传》及《拾遗记》的研究，可大致推见王嘉撰写《拾遗记》的原因，具体而言，主要有以下几个方面：第一，与他有意宣扬神仙道教思想有关。作为一个神仙道教团体的传承者和一代领导者，他写《拾遗记》很可能是为了宣扬该派的道教思想；第二，就《拾遗记》的内容而言，书中也从多方面影射了现实，即如萧绮《拾遗记序》所言"风政""影彻经史"和"言乎政化"。因此，在《拾遗记》中，也寄托了王嘉自己对现实政治的立场、观点和态度，而这也很可能是王嘉撰写《拾遗记》更为重要的原因。第三，王嘉创作《拾遗记》也是受到了当时社会文化各方面的影响。齐治平在《拾遗记前言》中说："到了魏晋以后，由于社会文化各方面的影响，撝拾传闻，造作杂史的风气更是盛极一时。在王嘉《拾遗记》以前，据《隋书》著录，有韦昭《洞记》四卷、皇甫谧《帝王世纪》十卷（以上两书还有臧荣绪、何茂林的续作）、来奥《帝王本纪》十卷、吉文甫《十五代略》一卷（两《唐志》俱作十卷），这些书都是从庖牺至汉魏，和《拾遗记》前九卷体例大约相同，特别是《十五代略》一书，和《拾遗记》之'文起羲、炎以来，事迄西晋之末，五运因循，十有四代'更为符合，按《拾遗记》所记也是十五之事，萧《序》所以说'十有四代'，大概是以秦为闰位，不计在内。这些书今天都已亡佚，但根据辑本、佚文和章宗源、姚振宗等的

① 见《道藏·洞神八帝玄变经》，文物出版社、上海出版社、天津出版社三家联合1988 年影印版。

考证，其内容性质大抵也和《拾遗记》相差不多。从这里我们可以看出当时杂史撰著之盛，也不难测知《拾遗记》在体裁上和故事来源上和这些杂史一定有其因袭的关系。"考魏晋以前的创作，这一体例的杂史杂传更为少见。至于魏晋时期突然出现如此之多同类体例杂史的原因，还有待日后作进一步的考证。

第二节　王嘉的道教思想

对于王嘉的思想，历代的研究者都不约而同地注意到了他思想中占主导地位的一面：道教思想，认为他是一个"很标准的方士"①，楼观道的大师。实际上，通过对有关资料和《拾遗记》的研究发现，道教思想仅仅是王嘉思想中占主导的方面，在王嘉思想的深处，还有儒家思想对他的影响，另外，在佛教盛行的魏晋时代，佛家思想也或多或少地影响了他。总之，王嘉的思想以道家思想为主，而兼有儒释二家思想，三者相辅相成，集于王嘉一身。除此之外，根据《三章歌谶》《隋志》"谶书类"的《王子年歌》《晋书》本传以及其他的相关资料可见出，王嘉受谶纬神学思想的影响也是很深的。他的大量谶语及《拾遗记》中多处涉及的与谶纬神学有关的内容即是明证。从本节开始，笔者将分别就王嘉的道教思想、儒家思想、佛教思想以及谶纬思想作一考述。

如前文所述，王嘉是楼观道大师。楼观道是道教派别之一，该派宗《老子五千文》以及"三洞经文"，以老子与关令尹为教祖，主张以内炼与符法兼修，因终南山麓道教宫观楼观得名。王嘉的道教思想以这一派思想为主，又有一些新的特点。具体来说，王嘉的道教思想集中体现在以下方面：

（一）神化老子

《魏书·释老志》云："道家之源，出于老子。其自言也，先天地生，以资万类。上处玉京，为神王之宗；下在紫微，为飞仙之主。"

---

① 王瑶：《中古文学史论集》，北京大学出版社1982年版，第104页。

由于楼观派尊老子为教祖，因此，作为楼观道大师的王嘉就在《拾遗记》中刻意神化老子。《拾遗记》卷三云：

> 老聃在周之末，居反景日室之山，与世人绝迹。帷有黄发老叟五人，或乘鸿鹤，或衣羽毛，耳出于顶，瞳子皆方，面色玉洁，手握青筠之杖，与聃共谈天地之数。及聃退迹为柱下史，求天下服道之术，四海名士，莫不争至。五老即五方之精也。

很明显，这里的老子是一个不食人间烟火的仙人，与他交往的也都是"或乘鸿鹤，或衣羽毛，耳出于顶，瞳子皆方，面色玉洁"的仙人，即所谓五方之精。老子与他们谈天说地，住在深山，不与世间常人来往。在这里，老子由历史人物变成了一个具有神秘色彩的仙人。另外，从"求天下服道之术，四海名士，莫不争至"几句也可以看出，正是由于老子潜心修道，求天下服道之术，才使得四海之人，望风而从，这也显示了老子作为道教教祖的开创性特点。

《拾遗记》中有关老子的另一条记载则更有深意，其卷三云：

> 浮提之国，献神通善书二人，乍老乍少，隐形则出影，闻声则藏形。出肘间金壶四寸，上有五龙之检，封以青泥。壶中有黑汁如淳漆，洒地及石，皆成篆隶科斗之字。记造化人伦之始，佐老子撰《道德经》垂十万言。写以玉牒，编以金绳，贮以玉函。昼夜精勤，形劳神倦。及金壶汁尽，二人刳心沥血，以代墨焉。递钻脑骨取髓，代为膏烛。及髓血皆竭，探怀中玉管，中有丹药之屑，以涂其身。骨乃如故。老子曰："更除其繁紊，存五千言。"及至经成工毕，二人亦不知所往。

此条中，记述了来自佛教圣地浮提之国的两个人，佐老子撰《道德经》之事。乍看上去，似是反映了佛道二教的融合，但如果从早期楼观派与佛教的关系来探究的话，事实并非如此。早期楼观派，与佛教在争夺地位的过程中，曾互相攻击。为此，楼观派则力主"老子化胡说"，《老子化胡经》是道教经典，晋道士王浮著，谓老子西游化胡成佛，以佛为道家弟子。因此，道教徒以此书为攻击佛教的主要依据。在这则故事中，来自佛国的佛教徒服侍老子，佐老子撰《道德经》，实际上就反映了作为道教楼观派大师的王嘉对佛教及佛教徒的贬损。

由此可见，神化老子，以及让佛教徒为楼观派教祖老子服务，都反映了王嘉作为楼观道大师思想上的一些明显的特点。

(二)　对道教神仙思想的宣传

首先表现在对求仙方法等仙道方术的宣传上。跟绝大多数道教徒一样，王嘉认为，要想成仙，就需要潜心修道。性格沉静，清心寡欲，是修道成仙的首要条件；利欲熏心，急功近利者是不可能成仙的。这一观点，在《拾遗记》中多有表现，卷二写周昭王向羽人讨教得道成仙之术，羽人则说："大王精智未开，欲求长生久视，不可得也。"另外，卷四"甘需谏昭王"条中，王嘉借甘需之口进一步说出了燕昭王学不到长生久视之法的原因：

> 今大王以妖容惑目，美味爽口，列女成群，迷心动虑，所爱之容，恐不及玉，纤腰皓齿，患不如神；而欲却老云游，何异操圭爵以量沧海，执毫氂而迴日月，岂可得乎！

实际上，这一思想在《拾遗记》以前的小说中早有揭示，如在《汉武帝内传》中，上元夫人就曾对汉武帝说：

> 女好道乎？闻数招方士，祭山岳，祠灵神，导河川，亦为勤矣。而不获者，实有由也。女胎性暴，胎性奢，胎性淫，胎性酷，胎性贼，五者恒舍于荣卫之中，五藏之内，虽锋铦良针，固难愈也。

因此，在王嘉看来，只有"能去滞欲而离嗜爱，洗神灭念，常游太极之门"（《拾遗记》卷四）的人，才会成为"上仙之人"。

　　《拾遗记》中，王嘉也写到了潜心修道而终成正果的圣贤，卷一"轩辕黄帝"条就写到了黄帝的成仙。黄帝是中国上古传说中最早的帝王，他为民造福，"吹玉律，正璇衡。置四史以主图籍，使九行之士以统万国。九行者，孝、慈、文、信、言、忠、恭、勇、义。以观天地，亦祠万灵，亦为九德之臣"。在王嘉看来，黄帝是最有资格得道成仙的，于是，"熏风至，真人集，乃厌世于昆台之上，留其冠、剑、佩、舄焉"。且"及遐升后"，无不受后人顶礼膜拜。在后人看来，黄帝成仙，乃是皇权尊严的象征，而道教徒正是利用黄帝在后人心目中的地位来宣传其神仙方术之说，认为历代的封建帝王是最有资格与资本得道成仙的，凡是潜心修道的帝王，最终会感动上仙来凡间为他们指点迷津。《拾遗记》中，那些一心想成仙的帝王，一旦意识到自己不能成仙的症结所在，在仙人的指点下，也会终成正果。在仙人的指点下，周昭王最终也能"飞天则万里之外，如游咫尺之内了"。显然，王嘉最终想要宣扬的是：只要立志修道，意志坚定，天仙、地仙，就都会知道，并且降临凡间亲自帮助凡人修道。

　　在《拾遗记》中，王嘉也宣传了服食及炼丹等神仙方术之法。与修道成仙相对应，服食也是道教推崇的一种成仙方法。在神仙道教思想逐渐深入人心的过程中，服食之法也经历了一个漫长的发展过程：在神仙道教发展的早期，得道成仙是帝王的专利，因此，服食之物也是耗资巨大的仙丹；到魏晋南北朝，随着社会的长期动荡以及人人都有机会成仙的道教思想的传播，普通平民也开始加入到了求仙者的行列，成仙不再是封建帝王的专利，求仙的方式也逐渐走向宽泛，服食之物也由耗资巨大的灵丹妙药变成了成本低廉的由山间采集的花草果实。这种求仙方式，大大减少了对大量财物及其仙人的依赖，更多的是一种依靠自己的意愿、能力和磨炼就可以达到的行为。个人的能力、意愿和善行逐渐成为能否成仙的重要条件。《拾遗记》中就多处写到了仙人或普通人的上山采药，如卷八写周群"游岷山采药"，卷十也写到了"采药石之人"等。除直接写采药之外，《拾遗记》中也屡屡记述了一些"食之后天而老"的植物或动物，且这些植物、动物都非常长寿，或千岁一实，或万岁一实。这是因为在道教徒看来，生长周期越长的动植物，它们的寿命就越长，那么，凡人在服食后，就会如这些植物动物一样，长生不老，更容易得道成仙，如卷四写："王取瑶璋之水，西起沙泥，乃嗟叹曰：'自悬日月以来，见黑蚌生珠已八九十遇，此蚌千年一生珠也。'"又卷一亦曰："穷桑者，西海之滨，有孤桑之树，直上千寻，叶红，椹紫，万岁一实，食之后天而老。"而在卷十中，王嘉所写昆仑、蓬莱、方丈、瀛洲、员峤、岱舆、昆吾、洞庭八山，俨然就是神仙的居处，山中的花草果实，飞禽走兽，无一不为神仙所用：山中有群仙所食之细珠和逍遥草的果实；有群仙避雨之树；有仙人所饰之珠，群仙所饮之水……一切都充满了神秘感，在看似客观平实的叙述中透着一股仙气。这实际上正是王嘉所要宣扬的得道成仙的另一主要方面：山是仙人所居之处，山中的花草果实则是仙人所食之物，因此只要能坚持服食，也定能得道成仙，有时在山中还会偶遇仙人，得到仙人的帮助，如卷十"洞庭山"条就写上山采药之人，在山中偶遇仙人，仙人则"邀采药之人，饮以琼浆玉液，延入璇室，奏以箫管丝桐"，从而加快了得道成仙的步伐。这种偶遇仙人的求仙方式，也就成为求仙之人的终南捷径。

《拾遗记》中也写到了通过炼丹以求仙的方式，如卷二写周昭王向仙人求得上仙之术，仙人"乃出方寸绿囊，中有续脉明丸，补血精散，以手摩王之臆，俄而即愈。王即请此药，贮以玉缶，缄以金绳。王以涂足，则飞天地万里之外，如游咫尺之内。有得服之，后天而死"。这里的"续脉明丸"实际上就是丹药。又卷四也写到了燕昭王向西王母求飞娥以合九转神丹之事等，不难看出，这种仙丹只为帝王所用，普通人是没有资格与资本享用的。总之，王嘉在《拾遗记》中几乎涉及了神仙道教之术的方方面面。

其次，《拾遗记》对神仙道教的宣扬，还表现在对羽人、羽衣的多次述写。中国有许多所谓"羽人""飞天""奔月"之类的神话，但最早只是原始先民们的一个美妙的幻想：远古交通不便，先民迁徙困难，他们见鸟通体长毛，可轻举致远，因而十分羡慕，幻想着自己长出羽毛来，像鸟那样自由自在。另外，在魏晋志怪小说如《搜神记》中也有对羽人的描写，如《搜神记》卷十四的《毛衣女》，但这实际上又表现出了古代妇女的另一种幻想：从前的社会，一般妇女没有地位，男人可随意休妻，而婚姻不幸的妇女可没有这个自由，能有一件穿了可飞上天去的羽衣，大概就是成千上万处在不幸婚姻中的妇女的幻想吧！

但战国至魏晋文学作品中的"羽人"，则更多的是指仙人。《楚辞·远游》："仍羽人于丹丘兮，留不死之旧乡。"王逸注："人得道而生羽毛。"洪兴祖补注则曰："羽人，飞仙也。"尤其是在魏晋神仙道教盛行的时期，羽人则更成了"仙人"的代名词，人们更关注的是得道成仙，像鸟儿一样生出翅膀飞上天去。这里少了原始先民质朴美丽的幻想，而多了几分对逍遥自在、无拘无束的仙人生活的向往。这是因为"汉末魏晋六朝是中国政治上最混乱、社会上最苦痛的时代"[1]，社会的极端黑暗使得民不聊生，广大的民众为了摆脱这种暗无天日、毫无人道可言的社会，希望能够得道成仙，过上幸福自由的生活。于是，人们幻想如鸟儿一样飞离苦海。由此，羽人、羽衣之说在魏晋时代尤为盛行。王嘉是一个神仙道教的宣传者，他的《拾遗记》中多处写到了"羽人""羽衣"，如卷二曰："忽梦蓊蔚而起，有人衣服并皆毛羽，因名羽人。"又同卷"缀金玉毛羽为衣裳。"卷九曰："以羽为衣，发大如缕。"又卷三曰："唯有黄发老叟五人，或乘鸿鹤，或衣羽毛"等等。这里的"羽人""羽衣"都是仙人的象征。

第三节　儒家思想对王嘉的影响

除道教思想外，儒家思想对王嘉的影响也是非常深的，这是有原因的。王嘉一生主要生活在东晋十六国的后赵、前燕、前秦、后秦时期。这一时期，虽然南方的东晋玄学仍占主要地位，但在北方的十六国，玄风在士人生活情趣、生活方式中的影响则相对淡化。虽然儒学、玄学、佛学并存着，但儒学仍占主要地位。《册府元龟》卷228《僭伪部·崇儒》曰："前秦苻坚，既僭皇帝位，立学校；广修学官，

---

[1]　宗白华：《美学散步》，上海人民出版社1981年版，第208页。

召郡国学生通一经以上充之。公卿以下子孙，并遣受业，其有学为通儒，才堪干事，清修廉直孝悌力田者，旌表之，于是人思劝励，号称多士，又亲临太学，考诸生经义，优劣品而第之，问难五经博士，多不能对。……永嘉之乱，庠序无闻，及坚之僭，颇留心儒学……后宫置典学，立内司，以授经，又行礼于辟雍，祀先师孔子，其太子及公卿大夫士之元子，皆来修释奠焉。"除前秦外，后秦的统治者姚苌也是"立太学，礼先贤之后……于是学者咸劝，儒风盛焉"①。后赵石季龙，则"下书令诸郡国立五经博士……季龙昏虐无道，颇慕经学，遣国子博士，雒阳写石经，校中定于秘书国子祭酒，聂熊注《谷梁春秋》，列于学官"②。前燕统治者更是"立东庠于旧宫以行乡射之礼……又亲临东庠，考试学生，其精通秀异者，擢充近侍"③。生活在这样一个崇儒风气浓厚的政治环境下，王嘉虽然是一个道教方士，但受儒家思想的影响仍然是很深的。因此，王嘉虽是一个道家方士，但实际上，从某种意义上来说，是一个"变了质的道家（已非清静无为之旨）"④。由于王嘉留下的作品只有《拾遗记》，《晋书·王嘉传》又多虚诞之辞。因此，对王嘉思想的考证只能从他处的时代大背景和《拾遗记》入手，通过对《拾遗记》以及相关材料的研究，笔者以为，王嘉的儒家思想主要表现在以下几个方面：

（一）对"孝"的行为的歌颂

道教也讲孝道，这实际上表现出道教在长期的发展过程中与儒教的逐渐融合，因为在中国几千年的封建社会中，儒学始终占据着主导的地位，就是在魏晋玄学风行的时代，在政权领域内仍是以儒为主。可见，在中国这样一个特殊的国度，任何宗教学派与儒教相对立都是

---

① （宋）王钦若、杨亿等编：《册府元龟》卷228《僭伪部·崇儒》，中华书局1960年版。

② 同上。

③ 同上。

④ （晋）王嘉撰，（梁）萧绮录，齐治平校注：《拾遗记·前言》，第2页。

无法继续发展的，道教也是如此。道教《太上经戒》①述元始天尊所定十戒，其中第一戒为："不得违戾父母兄长，反逆不孝。"第三戒为："不得叛逆君王，谋害国家。"道教的这两戒实际上规范的是忠和孝两种道德，而这也是儒家思想的核心。实际上，如果深究由汉至魏再到晋的朝代更替就可以知道，王嘉如此关注孝道有着深刻的社会根源。鲁迅在《魏晋风度及文章与药及酒之关系》一文中就说："魏晋，是以孝治天下的，不孝，故不能不杀。为什么要以孝治天下呢？因为天位从禅让，即巧取豪夺而来，若主张以忠治天下，他们的立脚点便不稳，办事便棘手，立论也难了，所以一定要以孝治天下。"②同时，"名士方士化的趋向，使得魏晋时代产生一种新的东西，这就是高士、孝子、鬼神故事的流行。稽康、阮籍等人在政治上和政府官僚对立，他们提出'尽孝'来反对'尽忠'，孝子成了他们理想中的人物。……高士、孝子、鬼神将是魏晋小说的人物类型，而故事特征是不同形式的异，鬼神是异人，高士孝子是异行。……这种好异的社会风尚是产生志怪小说的历史根源"③。可见，"孝子"成为魏晋志怪小说的题材之一，有着深刻的历史根源。王嘉关注孝子，赞美孝的行为，与他个人的生活环境有关，更与大的时代风气息息相关。在《拾遗记》中，他赞美孝的行为，认为"咸知孝让"的人"至死不老"，在"无老纯孝之国"，"山川无恶禽兽，水不扬波，风不折木"④，一切都是那样的祥和，充满了仁爱。在王嘉看来，具有忠孝思想的人，更容易得道成仙。葛洪的《抱朴子内篇》就说："欲求仙者，要当以忠孝，和顺，仁信为本。"从这一思想出发，葛洪调和了神仙道教和儒家礼教的关系，增强了道教的社会教化作用。王嘉继承了这一思想，《拾遗记》中就写了许多孝的行为和事迹，如曹曾"侍亲尽礼"，

---

　　①《道藏·洞神类·戒律类》，文物出版社、上海出版社、天津出版社三家联合1988年影印版。

　　②鲁迅：《魏晋风度及其他》，上海古籍出版社2000年版，第194页。

　　③范宁：《论魏晋时代知识分子的思想分化及其社会根源》，《历史研究》1955年第4期。

　　④（晋）王嘉撰，（梁）萧绮录，齐治平校注：《拾遗记》卷四。

"不先亲而食亲味也"；"孝感之乡"的郅奇，"居丧尽礼"等。王嘉认为这样的仁孝之举可以感天动地，至孝之人的泪"洒石则成痕，著兮木枯草，必皆重茂"；"以泪浸地则即醎"。从帝王对至孝之人所在村落、国家的赐名，就可以看出王嘉对尊亲至孝之人的褒奖，也反映了王嘉思想中儒道融合的倾向。

（二）积极入世的思想倾向

儒家思想的中心是积极入世，"兼济天下"是儒家对文人士大夫的根本要求。王嘉是一个道教徒，从《晋书》本传来看，似乎王嘉并不关心政治，实际上如果进一步深入分析，就可以发现，在王嘉思想的深处，仍然有着积极入世的思想倾向。早在梁代，萧绮在整理《拾遗记》时，就说王嘉《拾遗记》"数运则与世推移，风政则因时迴政"。这里的"风政"即"讽政"，也就是对当时政治的讽谏。另外，王嘉先前隐居的东阳谷在今陕西华阳一带，离当时的政治中心长安是有相当距离的，后来，王嘉"弃其徒众，至长安，隐居于终南山"，实际上就流露出了他想参与政治的思想，从本传后面的记载也证明了他的这一思想倾向。他虽居山中，却以山中宰相的身份自居，苻坚每有军政要事，辄遣师问之。而王嘉每次也是有问必答，虽然他的回答"辞如谶记，当时鲜能晓悟之"，但"过了皆验"。实际上王嘉并非有特异功能，他能够料事如神，这跟他对当时社会的观察和分析不无关系，可见，他还是相当注意政局的变化。王嘉具有积极用世的思想倾向，但他参与政治并不是盲目的，而是经过潜心观察后才付诸行动的，"我们知道，前秦苻坚在汉人王猛的辅佐下，劝课农桑，提倡儒学，对社会经济文化的恢复发展有一定的积极意义，这在当时的少数民族政权中，是比较可贵的。王嘉隐居倒虎山时，即以他特有的方式影响和参与了前秦的政治……公元 384 年应苻坚之请入长安后，他就以更直接的方式参与到前秦的政治之中"①。从前秦苻健的《下书求贤》、苻坚在《下诏分遣侍臣问民疾苦》《报王猛》等文中也可见出前秦统治者渴求贤才，关心民生疾苦的政治倾向。后秦的统治

---

① 邵宁宁、王晶波：《说苑奇葩》，甘肃教育出版社 1999 年版，第 30 页。

者姚苌虽然也重视儒学，但较为残暴。因此，姚苌虽"礼嘉如苻坚故事"，但王嘉看似并不买他的账，姚苌也只能"逼以自随"，一个"逼"字就透露了王嘉的政治态度，也可见出，"王嘉也不是无选择地依附的，姚苌杀他，恐怕也不仅是出于一时的言辞拂意"①。

王嘉的积极用世的思想，不仅仅表现在对他所处时代政治形势的有所选择，对于前代的为民造福的国君，他也给予积极的评价。《拾遗记》中，他歌颂了三皇五帝为民造福的丰功伟绩，对历代帝王，他立足的重点在于神化他们、仙化他们，宣扬道教的神仙思想。但对那些暴虐之主如秦始皇，劳民伤财之主如魏文帝、魏明帝等也表现出强烈的不满。对晋统治者荼毒异己的行为也有所批判，《拾遗记》卷九"晋时事"中多次写到"酒"就很有深意，如姚馥对"酒"的钟情，张华对"酒"的痴狂等，都与当时的社会背景有关：在那个极端黑暗的时代，"天下多故，名士少有全者"②，有抱负的文人士大夫，往往成为统治者积极杀戮的对象，于是，人们就把自己的一腔热情寄托在饮酒上，热衷于长生不死的神仙学说上，在当时的社会环境下，"酒"成了全身远祸的最佳选择。阮籍就曾醉酒六十天，躲过了钟会、司马氏集团的迫害。像这样的例子在两晋还有很多，兹不具述。

（三）对汉儒天人感应思想的宣扬

自汉代董仲舒以天人关系和阴阳五行学说作为儒学的哲学基础起，先秦儒学偏重于政治伦理，而不重视本体论探讨的观念被打破，人们开始把天人关系，五行相克相生的关系运用到政治伦理上，使儒家思想呈现出了新的面貌。王嘉是一个道家的方士，自然精通阴阳五行学说，更何况"天人感应论"本身就有浓厚的神学色彩，它虽然宗于儒学，但却与宗教心有灵犀一点通。《拾遗记》中，王嘉多次以五行相克相生的关系来论证朝代的更替，他说伏羲"以木德称王，故曰春皇"。认为"汉火德王，魏土德王，火伏而土兴，土上出金，是

---

① 邵宁宁、王晶波：《说苑奇葩》，甘肃教育出版社1999年版，第31页。

② （唐）房玄龄等撰：《晋书·阮籍传》，第1360页。

魏灭而晋兴也"①。在天人感应论的影响下，王嘉《拾遗记》中记载
了大量的神灵感应，物怪变化，以及降生之事。政治清明则天降祥
瑞，卷一记"玛瑙瓮"当黄帝时至，"尧时犹存，甘露在其中，盈而
不竭，谓之宝露，以班赐群臣，至舜时，露已渐减。随帝世之污隆，
时淳则露满，时浇则露竭，几乎三代，减于陶唐之庭"。圣人出生，
上天也常降福瑞，卷三写孔子出生之时，"夜有二苍龙自天而
下，……天帝下奏钧之乐，列以颜氏之房。空中有生，言天感生圣
子，故降以和乐笙镛之音，异于俗世也"。这一方面是天人感应学说
在王嘉思想的反映，另一方面他讲孔子出生时的福瑞之兆，本身就是
他尊崇儒家的反映。《拾遗记》中，有关"天人感应""阴阳五行"
的记载还有很多，下文还将继续论述。

第四节　王嘉与佛教

据史书记载，王嘉生活的时代，正是佛教在中国盛行，佛经被大
量翻译的第一高峰期，后赵、前秦、后秦的统治者都提倡佛教，如前
秦苻坚在《下诏简学生受经》一文中，提倡"尊崇儒教，禁老、庄、
图谶之学"②，可以看出，在禁止的学说中，就没有佛学。后秦的统
治者则更加尊奉佛教，后秦姚苌、姚兴都与佛界人士有着频繁的交
往，且留下了许多相互问答的书信，如姚兴的《下书僧略等》《致书
鸠摩罗什僧略》《又下书与僧略书》《遗僧朗书》《遗释慧远书》等；
僧人写给统治者的书信就更多，如佛图澄的《谢赵主石虎劳问》、竺
僧明的《答秦主苻坚书》《答燕主慕容垂书》、释慧远的《答秦主姚
兴书》、鸠摩罗什的《答秦主姚兴》《答姚兴通三世论书》、释道略的
《又答姚兴书》以及释道恒的《复答姚兴书》等。而道士写给统治者
的书信则很少见，这种情况在很大程度上反映出了十六国的统治者普
遍存在的尊崇佛教的倾向。而在王嘉生活的几个朝代，以后秦主姚

① （晋）王嘉撰，（梁）萧绮录，齐治平校注：《拾遗记》卷七。
② （清）严可均辑：《全晋文》，商务印书馆1999年版，第1647页。

苌、姚兴与僧人的交往更甚，可见出他们比自己前后朝代统治者更胜一筹的崇佛倾向。实际上，王嘉被姚苌所杀，一方面与王嘉不满姚苌的统治有关，另一方面实际上也是姚苌禁止道教、谶纬之学的反映。"逼"他自随，只是因为当时王嘉名声很大。王嘉虽是一个道教大师，且由于佛道长期斗争的影响，还具有明显的崇道抑佛的倾向。然而，他所著《拾遗记》中却有很多与佛教有关的传说故事，佛教用语在《拾遗记》中也频频出现。具体而言，《拾遗记》中的来自佛教的内容主要表现在以下几个方面：

首先，《拾遗记》中记述了一部分与佛经有关的幻术故事，如《拾遗记》卷二就有扶娄国人善"机巧变化"，能"兴云起雾""吐云喷火""口中生人"的记述：

南陲之南，有扶娄之国。其人善能机巧变化，易形改服，大则兴云起雾，小则入于纤毫之中。缀金玉毛羽为衣裳。能吐云喷火，鼓腹则如雷霆之声。或化为犀、象、狮子、龙、蛇、犬、马之状。或变为虎、兕，口中生人，备百戏之乐，宛转屈曲于指掌间。……乐府皆传此伎，至末代犹学焉，得粗亡精，代代不绝，故俗谓之婆候伎，则扶娄之音，讹替至今。

与上述故事中善"机巧变化"的"扶娄之国"的人一样，《拾遗记》卷四"沐胥道人"条也记述了申毒国有道术之人"于其指端出浮屠"，"及诸天神仙"的神奇幻化之术：

沐胥之国来朝，则申毒国之一名也，有道术人名尸罗，问其年，云百三十岁。荷锡持瓶，云发其国五年，乃至燕都。善玄惑之术。于其指端出浮屠十层，高三尺，及诸天神仙，巧丽特绝。人皆长五六分，列幢盖，鼓舞，绕塔而行，歌唱之音，如真人矣。尸罗喷水为纷雾，暗数里间。俄而复吹为疾风，纷雾皆至。又吹指上浮屠，渐入云里。又于左耳出青龙。右耳出白虎。始出之时，才一二寸，稍至八九尺。俄而风至云起，即以一手挥之，即龙虎皆入耳中。又张口向日，则见人乘羽盖，驾螭、鹄，直入于口内。复以手抑胸上，而闻怀袖之中，轰轰雷声。更张口，则向见羽盖，驾螭、鹄相随从口中而出。尸罗常坐日中，渐渐觉其形小，或化为老叟，或为婴儿，倏忽而死，香气盈室，时有清风来吹之，更生如向之形。咒术玄惑，神怪无穷。

李剑国的《唐前志怪小说辑释》此条下注曰："申毒，……又称天竺，即印度"；"锡，锡杖，亦称声杖、鸣杖、禅杖，僧杖，僧人所用之手杖。""浮屠，又作浮图，佛图。梵语佛之音译，此处指佛塔。"薛克翘则认为："这段文字中的若干细节，都可以作为前面扶娄国实由印度发挥而来的有力旁证。"[①] 他还借用清代俞樾在《茶香室丛钞》卷十三中的话"此乃佛法入中国之始"来说明，这段文字确实是佛教故事的反映。除此之外，《拾遗记》卷三也有"浮提之国，献神通善书二人，乍老乍少，隐形则出影，闻声则藏形"的记述。显然，《拾遗记》中这种关于僧人擅长神奇幻术的描述，并不是从中国固有的变化观念引发而来的，它的根源来自于佛经。牟子的《理惑论》云：

> 佛之言觉也，恍惚变化，分身散体，或存或亡，能大能小，能圆能方，能老能少，能隐能彰。蹈火不烧，履刃不伤，在濡不染，在祸不殃，欲行则飞，坐则扬光，故号佛也。

由此可见，这些外来之人的幻术，实际上源自佛经的渲染。这样的故事在佛经中比比皆是，如《杂宝藏经》卷四载："一道人……化作大身，满于虚空。又化作小，犹如微尘。以一身作无量身，以无量身合为一身。身上出水，身下出火，履水如地，履地如水，作十八变。"《旧杂譬喻经》上卷也说：

---

① 《南亚研究》1996 年第 Z1 期。

> 时道边有树，下有好泉水。太子上树，逢见梵志独行来入水池浴出饭食。作术吐出一壶，壶中有女人，与于屏处作家室，梵志遂得卧。女人则复作术，吐出一壶，壶中有年少男子复与共卧，已便吞壶。须臾梵志起，复内妇著壶中，吞之已作杖而去。

又，《拾遗记》卷二还载有羽人为昭王换心的故事。笔者以为，这一故事很可能是从后汉安世高所译佛经《佛说㮈女耆婆经》所载神医耆婆故事辗转附会而来的。该书记述了许多神医耆婆治病救人的传说故事，现举一例如下：

> 国中复有迦罗越家男儿好学武事。作一木马，高七尺余，日日习学。骗上初学，适得上马，久久益习，忽过去失踞，躄地而死。耆婆闻之，便往。以药王照视腹中，见其肝，反戾向后，气结不通故死。复以金刀破腹，手探料理，还肝向前毕，以三种神膏涂之。其一种补手所攫持之处，一种通利气息，一种主合刀疮。毕，嘱语其父曰："慎莫令惊，三日当愈。"父承教敕，寂静养视，至于三日，儿便吐气而寤，状如卧觉，即便起坐。

据陈寅恪先生考证，华佗为人破腹治病的故事就是对这一佛经故事的附会，却被陈寿写入了正史。[①]由此看来，羽人为昭王换心的故事可能也是受到了此佛经故事的影响。

其次，《拾遗记》中还记述了鸟类沾水灭火的故事。如《拾遗记》卷八载：

> 旬日，火从库内起，烧其珠玉十分之一，皆是阳燧旱燥自能烧物。火盛之时，见数十青衣童子来扑火，有轻气如云，覆于火上，即灭。童子又云："多聚鹳鸟之类，以禳火灾；鹳能聚水于

---

① 陈寅恪：《三国志曹冲华佗传与佛教故事》（1930 年）一文，原载于《清华学报》第 6 卷第 1 期。后收入《寒柳堂集》，上海古籍出版社 1980 年版，第 157—161 页。

巢上也。"家人乃收鸡鹊数千头养于池渠中，以压火。

除此之外，《拾遗记》卷三也有乌鸦灭火救介子推的故事。同时期的志怪小说《宣验志》"野火焚山"条也说："野火焚山，林中有一雉，入水渍羽，飞故灭火，往来疲乏，不以为苦。"杜贵晨先生认为，"这些故事虽形象各异，但以身沾水灭火是相同的。它们约在晋、宋间同时出现，其发源可能都在吴康僧会译《旧杂譬喻经》'鹦鹉灭火'故事，而辗转流传，遂生变异"①。《旧杂譬喻经》记"鹦鹉灭火"故事如下：

> 昔有鹦鹉，飞集他山中，山中百鸟畜兽，转相重爱不相残害。鹦鹉自念，虽尔不可久也，当归耳。便去。却后数月，大山失火四面皆然，鹦鹉遥见，便入水，以羽翅取水飞上空中，以衣毛间水洒之欲灭大火。如是往来。天神言："咄，鹦鹉！汝何以痴，千里之火宁为汝两翅水灭乎？"鹦鹉曰："我由知而不灭也，我曾客是山中，山中百鸟畜兽，皆仁善悉为兄弟，我不忍见之耳。"天神感其至意，则雨灭火也。

可以看到，上述《拾遗记》中的故事与此是何等的相似！薛克翘说："《山海经》所反映的汉代以前人对世界的了解，当时对印度的了解并不多，所以书中很难发现与印度有关的东西。但在《神异经》《十洲记》和《拾遗记》中，我们就比较容易发现来自印度方面的影响"，"《拾遗记》的出现表明，中印文化交流已经发展到了相当大的规模"，"受佛教影响的因素则更多一些"。②

最后，《拾遗记》中也出现了一系列佛教用语以及与佛教有关的国名、地名。如《拾遗记》卷一载："丹丘之地，有夜叉驹跋之鬼，能以赤马脑为瓶、盂及乐器，皆精妙轻丽。"显然，"夜叉驹跋"是

---

① 杜贵晨：《传统文化与古典小说》，河北教育出版社2001年版，第75页。
② 薛克翘：《南亚研究》1996年第Z1期。

佛教术语，薛克翘认为："夜叉，是印度教神话中财神俱比罗的从属；在佛教中，则是北方天王毗沙门的部下鬼兵。……佛教四大天王中的南方增长天王亦有鬼众，叫做鸠槃荼或译为俱槃荼、拘槃荼、翁形鬼等，驹跋，正是鸠槃荼的异译。"① 又，《拾遗记》卷六说："父老云：'昔道士从蓬莱山得此瓜，云是崆峒灵瓜，四劫一实……'"这里"劫"亦为佛教传入中国的概念。佛经谓天地的形成到毁灭为一"劫"。而且，"劫"的概念在《拾遗记》中还多次出现，如卷十"昆仑山"条"南有赤陂红波，千劫一竭，千劫水乃更生也"。"员峤山"条"其国人常行于水上，拾尘吐雾，以算历劫之数，而成阜丘，亦不尽也"等的记述中都用了佛教术语"劫"。除此之外，《拾遗记》中的佛教术语及与印度有关的国名、地名还有很多。据统计，《拾遗记》中关涉佛教的国名、地名主要有扶娄之国（卷二）、浮提之国（卷三）、沐胥之国（卷三）、申毒国（卷三）、千涂国（卷五）、含涂国（卷六）、须弥山（卷十）等；与佛教或印度有关的物事主要有玛瑙（卷三）、锡（卷三）、浮屠（卷四）、双头鸡（卷五）、淫泉（卷五）、蠹发（卷九）等。齐治平对其中的一些国名、地名做了简要的解释，如他在"须弥山"下的注解就说："须弥山，佛经谓南赡部洲等四大洲之中心有须弥山，处大海之中，上高三百三十六万里，顶上为帝释天所居，半腹为四天王所居。"薛克翘的《读〈拾遗记〉杂谈》② 一文对上述国名、物事有着更为详细的论述。如就国名而言，他认为"'扶娄'一词，很有可能是婆罗门（Brahman）一词演变而来的"。"千涂国，当即是乾陀国，又译为乾陀罗、犍陀罗（Gandhara）等，在今巴基斯坦境内。""从字音上来看，含涂国似亦与印度有关。'鸟兽皆能言语'正与佛经中的无数寓言故事中的动物说人话相应。"薛文诸如此类的推断还有很多，不再详举。

综观《拾遗记》一书，在其十卷将近一百三十条大小故事中，来源于佛经的传说故事将近十条，而涉及佛教术语、印度地名、国名、

---

① 薛克翘：《南亚研究》1996 年第 Z1 期。

② 同上。

物事等的故事则达二十条之多，由此可见佛教思想对王嘉创作《拾遗记》的影响。除此之外，王嘉也深受佛教因果报应思想的影响，《晋书·王嘉传》"先释道安疾殛，使谓嘉曰'世故方殷，可以同行矣！'嘉曰：'师先行，吾负债于人，未果得去。'俄然道安亡而嘉戮，可谓'负债'乎"几句中的王嘉所谓的"负债"即是明证。

如前所述，王嘉是东晋十六国时期前秦著名的道士，楼观道的大师，在其思想的深处，道教思想是第一位的，那么出自他笔下的《拾遗记》为何有如此多来自佛教的因素？原因只有一个，那就是生活在苻秦时代的王嘉也受到了佛学的影响。众所周知，佛教入中国之始，在很多问题上是依附道教、迎合道教的。但到东晋后期，随着佛教的日趋兴盛，佛、道两教便开始了互争邪正高低的斗争。而在佛道斗争的历史中，楼观道则是与佛教斗争的积极参与者，也是老子西升化胡之说的倡导者，在道教发展史及道佛之争的过程中占有重要的地位。王嘉作为楼观道的大师，他的排佛、贬佛倾向也是很明显的，如在《拾遗记》卷三中王嘉即记述了来自佛教圣地浮提之国的两个人，佐老子撰《道德经》的故事。既然如此，王嘉是如何受到佛教影响的呢？笔者以为，这一时期佛教的盛行、王嘉与佛教高僧道安非同寻常的关系以及当时道教徒普遍的道教方术与佛教幻化之术并不抵牾的思想等都是其受到佛学影响的重要原因。

首先，佛学对王嘉的影响与这一时期佛教的盛行有关。据史料记载，从东汉至东晋，佛教徒所译佛典的总数达千部之多，寺庙及僧人的数量也逐渐增多，西晋仅洛阳、长安即有寺庙180余所，僧尼3700多人。东晋寺庙发展到了1760多所，僧尼人数也达到了240000多人。佛教思想的盛行也影响了东晋十六国时期的统治者。方立天先生对此有精辟的论述，他说："东晋时，北方少数民族统治者虽然在武力上是强大的，但是他们对在政治上和经济上都更为发达的汉族，则缺乏统治的政治经验和思想武器，他们是心怯的。匈奴族靳准说，'自古无胡人为天子者'，这就反映了这种心理状态。因此，他们也极为迫切地需要有保护自己和统治汉族的思想武器。佛教是外来的宗教，正好可以利用来作为从思想上钳制和奴役汉族的工具。"① 在这一思想的指导下，当时十六国的统治者普遍信奉佛教。后赵石虎就曾下令说："佛是戎神，正所应奉"；后赵石勒时，高僧佛图澄就曾一度在军中参谋军事，并"号为大和尚，军国规模颇访之"②；前秦苻坚更是为了得到佛教高僧道安而发动十万大军攻打襄阳，在得到道安之后，苻坚父子给他以很高的待遇，并称道安为一国之"神器"。又，据《晋书·鸠摩罗什传》载，苻坚也曾为获得名僧鸠摩罗什而"遣骁骑将军吕光等率兵七万，西伐龟兹"；后秦姚兴也曾待名僧罗什以国师之礼，"奉之若神"③。统治者如此信奉佛教，国人必然望风而从，史载后赵时期，百姓"多奉佛，皆营造寺庙，相竞出家"④。可想而知，生活在佛教思想盛行的前秦时代的道士王嘉，作为一个受到苻坚很高礼遇的谋士，也不能不受到来自佛学的影响。由于资料所限，目前虽无法深究王嘉所受佛学影响的具体情况，但透过其著作《拾遗记》中记述的一些与佛教幻化之术有关的传说故事，即可看到：王嘉所受佛学的影响主要来自于这一时期盛行的佛教僧人的幻化之术。又，《晋书·王嘉传》亦载："人候之者，至心则见之，不至心则隐形不见。衣服在架，履杖犹存，或欲取其衣者，终不及，企而取之，衣架踊高，而屋亦不大，履杖诸物亦如之。"这一记述与佛教僧人的幻化之术是多么的相似！显然也是来自佛学的影响。虽然《晋书》本传的记载属传说无疑，但传说也是以一定的历史事实为依据的，并非空穴来风。

其次，佛学对《拾遗记》的影响，也与其作者王嘉和佛教高僧道安的密切交往有关。王嘉与高僧道安的密切交往，前文已有论述，不再详论。

除此之外，笔者以为，以神仙道教思想为主的志怪小说《拾遗

① 方立天：《魏晋南北朝佛教》，中国人民大学出版社 2006 年版，第 23 页。

② （北齐）魏收撰：《魏书·释老志》，中华书局 1974 年版，第 3029 页。

③ （唐）房玄龄等撰：《晋书》，第 2501、2487 页。

④ 同上。

记》，之所以引入一部分与佛经有关的传说故事，也与当时道教徒普遍的道教方术与佛教幻化之术并不相互抵忤的思想有关。众所周知，在南北朝之前的魏晋时期，佛教虽然在中土得到了很大的发展，但这一发展是建立在依附中国本土传统文化的基础之上的。《后汉书·方术列传序》说：

> 汉自武帝颇好方术，天下怀协道艺之士，莫不负策抵掌，顺风而届焉。后王莽矫用符命，及光武尤信谶言，士之赴趣时宜者，皆驰骋穿凿，争谈之也。故王梁、孙咸名应图箓，越登槐鼎之任；郑兴、贾逵以附同称显，桓谭、尹敏以乖忤沦败，自是习为内学，尚奇文、贵异数，不乏于时矣。

由此可见方术之学在两汉时期的盛行。因为佛教的幻化之术与两汉方术之士惯用的"符箓""图谶"等伎俩有相通之处。为谋自身发展，初入中土的佛教就寻求方术之学作依托，重点向中土世人传播佛学中固有的幻化之术。方术之学也由此向外来佛教大开延揽之门，这从初入中土的佛教曾一度被看作是中国方术之学的一种即可见一斑。汤用彤先生就说：

> 浮屠方士，本为一气。即至汉之末叶，安清（字世高）译经最多，为一代大师。但《高僧传》谓其七曜五行，医方异术以至鸟兽之声，无不综达。……降及三国，北之巨子昙柯迦罗则向善星术，南之领袖康僧会则多知图谶。由此言之，则最初佛教势力之推广，不能不谓因其为一种祭祀方术，而恰投一时风尚也。①

正是由于这一时期佛教的幻化之术被认为是道教方术的一种，因此也就被广大的道教徒所普遍接受。于是，一些与佛教幻化之术有关的传说故事也就被道教徒收录到了他们的著作之中，这从当时以道教

---

① 汤用彤：《汉魏晋南北朝佛教史》，北京大学出版社1997年版，第38页。

思想为主的志怪小说普遍收有佛教幻化之术故事的现象即可见一斑。作为道教方士的王嘉也不例外，他接受了这一当时为道教徒普遍认同的思想，并把社会上盛传的一些与佛教幻化之术有关的传说故事也收录到了《拾遗记》当中。

毋庸置疑，东晋十六国时期佛教思想的盛行、王嘉与道安的过密交往以及这一时期道教徒普遍的道教方术之学与佛教幻化之术并不抵忤的思想等，都是王嘉《拾遗记》中收录一部分源于佛经传说故事的重要原因。

综上所述，正是由于道士王嘉受到佛学的影响，才使得《拾遗记》中出现了一部分与佛经有关的传说故事，而这些源于佛经的故事则反映了佛教在中土逐步发展兴盛的过程中，在不同历史时期向中土世人所传播佛学内容的不同。魏晋时期，佛教初入中土，为求发展，佛教徒对佛教思想的宣传主要依附于道教的方术之学，因此，这一时期佛教徒宣传的佛学内容主要是与道教方术之学并不相互抵忤的佛教僧人的幻化之术，并逐渐将一些佛教术语以及佛学名词渗透到道教及中国的传统文化之中。这也就是《拾遗记》中源于佛教的传说故事以佛教僧人的幻化之术为主的原因所在。然而，进入南北朝以后，佛教思想大盛，此时的佛教已不再依附方术之学，佛道二教互争正邪高低的斗争也日渐激烈，因此，这一时期的佛教徒对佛教思想的宣传多集中在宣扬佛教的因果报应思想、生死轮回之说、地狱观念以及佛法灵验、广大等方面。而这一时期志怪小说所反映的佛学思想也以上述几个方面为主，不再只是佛教僧人的幻化之术了。

第五节　王嘉与谶纬之学

谶纬是以天人感应的神学思想为其理论基础的宗教学说，兴起于西汉哀、平之际，主要盛行是在东汉。最初，"谶"和"纬"并不是一回事，两者有着显著的区别。《说文》："谶，验也。有证验之书。河洛所出书曰谶。"《仓颉篇》云："谶书，河洛书也。"又《三苍》云："谶，秘书也，出河洛。"可见，谶是用诡秘的隐语、预言等作为神的启示，向人们昭示吉凶祸福、治乱兴衰的图书符录，也即《易纬·坤灵图》所谓"诡为隐语，预决吉凶"①。《释名·释典艺》云："纬，围也，反覆围绕以成经也。"苏舆《释名疏证补》则曰："纬之为书，比傅于经，辗转牵合，以成其谊，今所传《易纬》《诗纬》诸书，可得其大概，故云反覆围绕以成经。"可见"纬"是与"经"相对而言的，是两汉时期一些方士假托孔子或黄帝、尧、舜等神圣人物用阴阳五行、天人感应、灾异符命等神学迷信观点，对《诗》《书》《易》等儒家经典进行阐发和解释的著作。其主要特点是将儒家经典神秘化，将儒家思想宗教化。从产生的时间上来看，"谶"早于"纬"，最初，谶与儒家经典并没有直接的关系，但它与假托解经断义的纬书在本质上是相通的，都是根据某些神秘的"启示"验证人事的言行的。于是，到西汉哀、平之际，"谶""纬"逐渐合流，人们将纬书及其他一些宣扬符命的"图谶"一并合称为"谶纬"，二者就没有什么区别了。正如顾颉刚先生在《秦汉的方士与儒生》一书中说："谶是预言，纬是对经而立的。……这两种在名称上好像不同，其实内容并没有什么大分别，实在说来，不过谶是先起之名，纬是后起的罢了。"② 当代学者钟肇鹏也认为："不论从汉魏人对谶纬的理解来说，或者就谶纬的实质来看，谶与纬只是异名同实。'纬'名本配'经'……谶与纬就其实质是没有什么区别的。只是就产生的历史先后来说，则谶先于纬。汉代神化儒学，方士化的儒生议谶附经，于是产生了纬书。"③ 下文将以王嘉、王嘉的著作以及有关的背景材料为研究对象，进而探讨谶纬思想对王嘉及其作品的影响。

（一）王嘉与谶语

顾颉刚先生在《秦汉的方士与儒生》一书中说："古人最喜欢作豫言，也最肯信豫言。那时的史官就是制造豫言的专家。还有一种豫

① （清）永瑢、纪昀等：《四库全书总目提要》经部易类。
② 上海古籍出版社1988年版，第109页。
③ 钟肇鹏：《谶纬论略》，辽宁教育出版社1991年版，第11页。

言，说是上帝传给人们的，叫做谶。"① 范文澜先生也说："谶是谜语式的预言。"② 王嘉就是这样一个以预言而闻名的方士。据《晋书·王嘉传》载："（王嘉）好为譬喻，状如戏调，言未然之理，辞如谶记，当时鲜能晓悟之，过了皆验。" 正因为如此，前秦统治者苻坚累征不已，凡事遣使问之，奉若神人。史载苻坚将要南征，派使者问之。王嘉说"金刚火强"，使者回去告诉了苻坚，苻坚不懂，于是又遣使者去问王嘉："吾世祚云何？" 王嘉答："未央。" 苻坚认为预示着吉利，很高兴。然而第二年是癸未年，苻坚在淮南打了败仗，才明白"未央"即"所谓未年而有殃也。" 而"金刚火墙"则是说前秦苻坚居西为金，晋都南为火，火能铄金也，这是王嘉以阴阳五行学说对晋及前秦具体形势的分析。可见王嘉的谶语是非常难懂的，但通常却很灵验。《晋书·苻坚载记》云：

　　慕容暐入见东堂，稽首谢曰："弟冲不识义方，孤背国恩，臣罪应万死。陛下垂天之容，臣二子昨婚，明当三日，愚欲暂屈銮驾，幸臣私第。"坚许之。暐出，嘉曰："椎芦作邃蒢，不成文章，会天下雨，不得杀羊。"坚与群臣莫之能解。是夜大雨，晨不果出。

　　虽然苻坚没有去慕容府是天下雨的原因，但王嘉却以谶语提前预示了这一切。

　　除史书上记载的王嘉的谶语之外，《拾遗记》中也有很多谶语的记载，如卷四"秦王子婴"条云：

　　秦王子婴立，凡百日，郎中赵高谋杀之。子婴寝于望夷之宫，夜梦有人身长十丈，须鬓绝青，纳玉舄而乘丹车，驾朱马而至宫门，云欲见秦王子婴，阍者许进焉。子婴乃与言。谓子婴

---

① 　上海古籍出版社 1988 年版，第 105 页。
② 　范文澜：《中国通史》第二册第三章第十节，人民出版社 1978 年版。

曰："余是天使也，从沙丘来。天下将乱，当有同姓者欲相诛暴。"翌日乃起，子婴则疑赵高，囚高于咸阳狱，悬于井中，七日不死，更以镬汤煮，七日不沸，乃戮之。

那个自称从沙丘来的使者，实际上是指秦始皇，因为秦始皇死于沙丘。从这段话的后半部分来看，虽然王嘉站在一个道教徒的立场上，大肆地宣扬了赵高的成仙，但这则谶语却再现了贼臣赵高谋位的历史事实。

在《拾遗记》中，也有一些谶语与特定历史时期的政治事件密切相关，如卷六"王溥"条曰：

溥先时家贫，穿井得铁印，铭曰："佣力得富，钱至亿庾，一土三田，军门主簿。"后以一亿钱输官，得中垒校尉。三田一土，垒字也；中垒校尉掌北军垒门，故曰军门主簿。

这条谶语就揭示了东汉后期统治者不务朝政，荒淫奢侈，致使国库亏空，而不得不卖官的丑恶行径。《拾遗记》中的谶语更多的是将阴阳五行说与现实社会联系在一起来暗示当朝的重大事故或预示政治上即将来临的重大变化。如卷七"薛灵芸"条曰："……故行者歌曰：'青槐夹道多尘埃，龙楼凤阙望崔嵬。清风细雨杂香来，土上出金火照台。'此七子是妖辞也。……汉火德王，魏土德王，火伏而土兴，土上出金，是魏灭而晋兴也。"又同卷"魏禅晋之岁"条云：

魏禅晋之岁，北阙下有白光如鸟雀之状，时飞翔来去。有司闻奏帝所。罗之，得一白燕，以为神物，于是以金为樊，置于宫中。旬日不知所在。论者云："金德之瑞。昔师旷时，有白燕来巢。"检《瑞应图》。果如所论。白色叶于金德，师旷晋时人也，古今之义相符焉。

这两条谶语是以五行中的土德将亡，金德将兴，来预示晋兴魏亡这一历史事实。此外，卷二"纣之昏乱"一段中也以"水德将灭，木祚方盛"的谶语来预示殷商将亡，周朝将兴。

在封建社会里，谶语更多的是假托天意编造出来的王朝更替的预言，一些觊觎皇位的野心家往往利用它来加强自己在竞争中的地位，他们或假托符命，或妄解谶文，说自己是天命所归之人，妄图欺骗拉拢一批人为自己效力。王莽、光武帝刘秀就是依靠编造大量谶语登上帝位的。如《拾遗记》卷五"大月氏国献双头鸡"条云："……故谣言曰：'三七末世，鸡不鸣，犬不吠，宫中荆棘乱相系，当有九虎争为帝。'至王莽篡位，将军有九虎之号。"这条谶语显然就是王莽为能使自己合理合法地登上皇帝之位而制造的谶语。其他如魏取代汉、晋取代魏等，统治者也都曾编造过大量谶语为自己的谋权篡位制造合理的借口。

实际上，苻坚之所以非常相信谶语，奉王嘉若上宾，究其原因在于前秦的统治者也曾以谶语为自己登上帝位制造借口。史载永和七年（351），蒲洪欲称尊号，乃制谶文"草付应王"，又在其孙蒲坚的背上刺有草付字，以此号召群众，并改姓苻氏，自称大将军，大单于，三秦王。苻生也利用谶文为自己制造接班根据，"健以谶言三羊五眼应符，故立为太子"①。毫无疑问，"三羊五眼"之谶也是苻生及其幸臣董荣、赵韶一伙制造的。早先，苻洪以"草付应王"为自己称大将军，大单于，三秦王制造合法根据。因此，当苻生炮制出"三羊五眼"的谶语时，苻健也就深信不疑了。苻坚登上帝位之前，也是事先编造了谶语的，《三秦史》引《晋书·苻生载记》说："苻生梦大鱼食蒲，又长安谣曰：'东海大鱼化为龙，男变为王女为公，问在何所洛阳东。'东海，苻坚封号，时为龙骧将军，第在洛门之东。"②很显然，这是苻坚制造的烟幕弹。更富戏剧性的是苻坚和王嘉之死都源于谶语，《三秦史》载："时长安城中流传着一本古书叫《古符传贾录》，内载'帝出五将久长得'。长安还有谣曰：'坚出五将山长得'。

---

① （唐）房玄龄等撰：《晋书·苻生载记》，第 2873 页。
② 洪涛：《三秦史》，复旦大学出版社 1992 年版，第 36 页。

这本是慕容冲企图诱坚出城使出的诡计，但苻坚很相信，告其太子苻洪说：'既如此严，天或导予。今留汝总戎政，毋与贼争利。吾当出陇，收兵运粮以给汝。'遂带其少子中山公苻冼、张夫人，率骑数百，前往五将山，宣告各州郡，期以孟冬救长安。"① 其结果使得自己在五将山被姚苌所害，身死国灭，究其原因是由于苻坚过分的相信谶语。

王嘉自己也是由于谶语才引来了杀身之祸。《晋书·王嘉传》载："苌既与苻坚相持，问嘉曰：'吾得杀苻坚定天下否？'嘉曰：'略得之。'苌怒曰：'得当云得，何略之有！'遂斩之。"更有甚者，王嘉竟然也能预知自己的死期，《晋书》本传及《高僧传·释道安传》都有记载，说王嘉去探望病重的释道安，道安邀他同行，王嘉却以谶语"师先行，吾负债于人，未果去得"，让道安先走。不久道安去世，而王嘉也被姚苌所杀，这就是王嘉所谓"负债"者也。在这里，王嘉简直就是一个先知先觉的圣人，能够预知未来吉凶祸福，深不可测。

众所周知，"谶"是迷信的产物，是古代的巫师或方士假托上天的意志制造出来以欺骗和蒙蔽群众，为统治阶级服务的。但据谶语大量流行的年代可知，谶语多出现在社会动乱的时代，如果社会稳定，谶语则逐渐减少。因此，谶语虽是迷信的东西，但也不是凭空出现的，很多谶语反映出人民的心声，代表了当时的一种社会愿望，与现实政治紧密相关，同时制作谶语也需要有广博的知识和敏锐的头脑作为后盾。王嘉是一个深受儒家文化熏陶的道教方士，他所说的谶语都是在悉心洞察当时社会现实的基础上总结出来的。如在慕容暐邀请苻坚时，王嘉即知是"鸿门宴"，他之所以知道苻坚最终去不了，是因为天会下雨。王嘉之所以能说出那样的谶语，是他洞察慕容暐的狼子野心以及精通天气的结果。可以说，苻坚之所以"师侍"之，一方面是因苻坚本人过分地依赖谶语，但另一方面也与王嘉的能够洞察时势有关。王嘉之所以知道他最终会被姚苌所杀，也是有原因的。据载

---

① 洪涛：《三秦史》，复旦大学出版社 1992 年版，第 87 页。

姚苌是一个残暴之君，正是由于姚苌的残暴，使得王嘉采取了不合作的态度，这从《晋书·王嘉传》中的"逼以自随"几个字就可以看出。因此，王嘉回答姚苌的问话也并未投其所好，而是以不预时势的态度客观的表达了自己的看法，对于急于要置苻坚于死地的姚苌，这样的回答怎能不惹恼他？王嘉又怎能不被杀？相比较之下，王嘉能被苻坚请到长安，有一个重要的原因在于，苻坚在位时做了许多有益于民众的事，可见，如前文所述，王嘉并不是一个毫不关心时事的道士，他的所作所为正反映了这一点。纵观王嘉所说的谶语，与那些蒙蔽和欺骗群众，为统治阶级服务的谶语相比，无论在任何时候，王嘉都只是以客观的态度表达了自己对时势的看法以及对未来的预测，他的谶语丝毫没有帮助统治者窃取权位、欺骗群众的痕迹，可以说他是一个"客观"的谶语制造者。

王嘉的谶语，就目前所见，大都晦涩难懂。王嘉一生所说谶语非常多，据《晋书·王嘉传》载："（嘉）造《三章歌谶》，事过皆验，累世传之。"从题目看，《三章歌谶》大概是有韵的谶语。另外，《隋书·经籍志》"谶书类"著录《王子年歌》一卷，可惜两书均早已失传，仅《王子年歌》有数条佚文散见于《南齐书·祥瑞志》和《南史·齐高帝纪》，前文已抄录，兹不具述。

（二）王嘉与谶纬神学

谶纬神学，简言之，即对儒家经典和儒家圣哲的宗教化与神学化，主要表现在两个方面：一是对人物的神化。举凡孔子、周公、尧、舜等儒家先圣或是古史传说中的圣王，全部在谶纬中有了神的面貌或死后登仙的传说；二是神话儒家思想的来源。如《礼纬·含文嘉》中便说："礼有三起，礼理起于太一，礼事起于遂皇，礼名起于黄帝。"可以看到，谶纬神学将"礼"源自人类共同制定的社会学意义改成了"太一"天帝所制作以管理万物的神学意义。其余相近的说法尚多，兹不具引。谶纬神学在西汉哀、平之际大兴，在王莽与刘秀的推波助澜之下，到东汉更成为占统治地位的思想。《诗》《书》等经典被称为"外典"，而谶纬反而成了儒学的"内典"，被认为直指周公、孔子等圣哲的本意。但其总的思想乃是用五行终始说、天人感应说等解释儒家经典，是董仲舒儒家神学的发展。因此，侯外庐说："图谶纬书是神学和庸俗经学的混合物。"① 王嘉的谶纬神学思想，主要体现在其著作《拾遗记》中，他对谶纬神学思想的继承，首先也无非是神化古代的圣贤，只不过神化之人由儒家先贤推及道家圣哲老子及其一些道家传说中的人物；其次他也利用阴阳五行终始说及天人感应说来解释朝代的兴衰更替与民心向背。关于对老子的神化，前一节已有论述，下面着重就后一点作一详细论述。

谶纬中的"天"是至高无上的神，他是有意志及无上权威的"上帝"，故又称"皇天上帝"。君主如果顺承天意，就会阴阳和谐、万物有序。董仲舒的《春秋繁露·王道》云：

> 王正，则元气和顺，风雨时，景星见，黄龙下。王不正，则上变天，贼气并见。五帝三皇之治天下，不敢有君民之心，什一而税。教以爱，使以忠，敬长老，亲亲而尊尊，不夺民时，使民不过岁三日。民家给人足。……故天为之下甘露，朱草生。醴泉出，风雨时，嘉禾兴，凤凰麒麟游于郊。囹圄空虚，画衣裳而民不犯。四夷传译而朝。民情至朴而不文。②

又《孝经·援神契》曰：

> 王者，德及于天则日抱戴，斗极明，日月光，天甘露降；德至于地则华萃感，嘉禾生，蓂荚出，秬鬯滋；德至八方则祥风至；德至山陵则景云见，泽出神马，山出木根车，泉出丹墨；德至渊泉则黄龙见，醴泉涌，阜出莆，江生大。黄龙见者，君之象也，德至则海出明珠；德至鸟兽则凤凰翔，麒麟臻，白虎见，白鹿来，狐九尾，白鸟下，雉白首；德至草木则朱草生，芝草繁。③

---

① 侯外庐：《中国思想通史》第二卷，人民文学出版社 1957 年版，第 225 页。
② （汉）董仲舒：《春秋繁露 天人三策》，岳麓书社 1997 年版，第 53 页。
③ （明）孙毂：《古微书》卷二十八，《四库全书》本。

另外,《礼纬·含文嘉》也说:"神农修德作耒耜,地应之以礼泉;神农就田作耨,天应以嘉禾。伏羲德洽上下,天应以鸟兽文章,地应以河图洛书,乃则象作易。"①这一"天人感应"的神学思想,在王嘉《拾遗记》中多有表现。《拾遗记》卷一"高辛"条云:

当黄帝时,玛瑙瓮至,尧时犹存,甘露在其中,盈而不竭,谓之宝露,以班赐群臣,至舜时,露已渐减。随帝世之污隆,时淳则露满,时浇则露竭,及乎三代,减于陶唐之庭。

又卷一"唐尧"条云:

唐尧在位,圣德光洽,河洛之滨,得玉版方尺,圆天地之形,又获金璧之瑞,文字炳列,记天地造化之始。四凶既除,善人来报,分职设官,彝伦攸叙。……幽州之墟,羽山之北,有善鸣之禽,人面鸟喙,八翼一足,毛色如雉,行不践地,名曰青鹨,其声似钟磬笙竽也。《世语》曰:"青鹨鸣,时太平。"故盛明之世,翔鸣薮泽,音中律吕,飞而不行。

除此之外,《拾遗记》在表现天人感应的神学思想时,有些则是完全承纬书而来的。如《乐纬·稽耀嘉》云:"……国安,其主好文,则凤凰来翔。"②而《拾遗记》卷二则曰:

四月,旃涂国献凤雏,载以瑶华之车,饰以五色之玉,驾以赤象,至于京师,育于灵禽之苑,饮以琼浆,诒以云实,二物皆出上元仙。方凤初至之时,毛色文彩未彪发,及成王封泰山,禅社首之后,文采炳耀。……及成王崩,冲飞而去,孔子相鲁之时,有神凤游集。至哀公之末,不复来翔,故云:"凤鸟不至。"

---

① （明）孙毂:《古微书》卷十七,《四库全书》本。
② （明）孙毂:《古微书》卷二十二,《四库全书》本。

可为悲矣！

很明显，这段记述是王嘉受《乐纬·稽耀嘉》影响的直接表现。

既然在谶纬神学中"天"是最高的神，那么，帝王的兴起就是受天命来进行统治的。因而帝王就应该具有最高的道德："王者有至德之萌，则五星若连珠。"郑玄注云："谓聚一舍，以德得天下之象也。"① 因为有德，所以受命。谶纬神学中的受命主要包括一些固定的程式和步骤，大体而言，有感生、异相、受命、封禅等。这种感生描述在纬书中尤为多见，如《诗纬·诗含神雾》曰：

> 大迹出雷泽，华胥履之，生宓羲；大电光绕北斗，枢星照野，感附宝而生黄帝；瑶光如蜺，贯月正白。感女枢生颛顼；庆都以赤龙合昏生赤帝；伊祁尧握登见大虹，意感而生舜于姚墟；大禹之兴，黑风会纪；玄鸟翔水，遗卵留娥，简狄吞之生契……②

另外，《孝经·钩命决》《春秋·元命包》等都有相似的记述。在纬书中，不但这些受命之王如尧、舜、禹、汤、文、武、周公、孔子等出生异常，并且还有着异于常人的形貌。如《孝经·援神契》曰：

> 伏羲大目，山准，日角而连珠衡；神农长八尺有七寸，弘身而牛头，龙颜而大唇，怀成钤，戴玉理；黄帝身逾九尺，附函庭朵，修髯、花瘤、河目、龙颡、日角、龙颜；尧火精、鸟庭、荷胜、八眉；舜龙颜，重瞳大口，手握褒；禹虎鼻。③

---

① 《七纬》卷八《易纬·坤灵图》，《纬书集成》卷上，上海古籍出版社 1994 年版，第 835 页。

② （明）孙瑴：《古微书》卷二十三，《四库全书》本。

③ （明）孙瑴：《古微书》卷二十八，《四库全书》本。

　　他们特殊的相貌，神奇的孕育和诞生，也使得他们具有了诸多非凡的作为，如伏羲氏画八卦，神农氏教民稼穑，黄帝战蚩尤，大禹治水等。《拾遗记》中也多处记述了帝王感神迹而生的祥瑞，如神母感青虹而生庖牺，昌意遇黑龙而生颛顼，帝喾之妃梦吞日而生八神，简狄吞黑鸟卵而生契以及苍龙降徵在之房而生孔子等，由于帝王都是人与神交感而生的，因而就具有半神半人的人格属性，如前所述相貌也往往异于常人，《拾遗记》中，伏羲是"长头修目，龟齿龙唇，眉有白豪，发垂委地"。颛顼则"手有纹如龙，亦有玉图之象"等。

　　阴阳五行说也是谶纬神学思想中一个重要的方面。较早把阴阳五行撮合在一起并加以神秘化的，是战国末期的阴阳家邹衍，他提出"五德终始说"，把"五行"的属性称为"五德"，用来附会王朝兴替和社会政治的嬗替。如他认为秦得水德之瑞，崇尚与"五行"水有关的事项，刘邦斩蛇起义，应了赤帝当道的象征，当然是得火德之瑞了。《乐纬·稽耀嘉》注引《白虎通义》曰：

　　　　五行所以更，王何以其转相生？故有终始也。五行所以相害者，天地之性：众胜寡，故水胜火也；精胜坚，故火胜金；刚胜柔，故金胜木；专胜散，故木胜土；实胜虚，故土胜水也。火，阳君之象也。水，阴臣之义也。……五行之性，火热水寒，有温水无寒火，何以明？臣可以为君，不可以更为臣。五行常在，火乍亡，何火？太阳精微，人君之象，象尊常藏。犹天子居九重之内，臣下卫之也。木所以浮，金所以沉，何子生于母之义？肝所以沉，肺所以浮，何有知者尊其母也？子不肯禅，何法？法四时，火不兴土而兴金也。父死子继，何法？法木。终火王也。①

　　《拾遗记》中，王嘉多次以五行相克相生的终始关系来论证朝代的更替，如他说伏羲"以木德称王，故曰春皇"②。认为"汉火德王，

_____

① （明）孙毂：《古微书》卷二十二，《四库全书》本。

② 《拾遗记》卷一。

魏土德王，火伏而土兴，土上出金，是魏灭而晋兴也"①，等等。关于这方面的论述，笔者在本节的"王嘉与谶语"部分已有论述，兹不赘述。

东汉后期，随着道教的发展，一些道教徒也受到了谶纬思潮的影响。他们受纬书对孔子神化的启示，也逐渐神化其创始人老子及道家经典《道德经》，从而使黄老之学更加神秘化。到魏晋时期，这种风气有增无减。王嘉是一个道教的方士，《拾遗记》中所反映的道教思想则明显受到汉代谶纬神学的影响。在谶纬中，孔子被神化成一个前知千岁，后知万世的神人、圣人、素王，有着种种奇异的表现。而《拾遗记》卷三王嘉先描述了孔子的感生及神异，后面紧接着就是几段神化老子的记述。可见，王嘉也是仿效谶纬神学对孔子及六经的神化来神化老子及《道德经》的。对于另外一些道教人物，王嘉也刻意神化他们，如卷三王嘉记述与老聃一起"共谈天地之数"的"五方之精"也是"或乘鸿鹤，或衣羽毛，耳出于顶，瞳子皆方，面色玉洁"。不难看出，谶纬思想与道教的联系是非常紧密的。谶纬先于道教而产生，起初的谶语中有所谓的"长生""神仙"之说，实是对中国古代神仙方术之学的吸收，如《诗含神雾》说："太华之山上，有明星玉女，主持玉浆，服之神仙。"又《龙鱼河图》云："玄洲在北海中，地方三千里，去南岸十万里，上有芝草出玄涧，渐如蜜味，服之长生。"②汉魏之际，道教逐渐兴盛，"服食""长生"自然是道教的主要内容，同时道教对"图谶"用隐语做暗示，解释"天"意的形式也有所继承和发展。逐渐的"谶语就成为了道书的一部分。汉魏以后，谶语流入道教，制作谶语也就成了道教的一项宗教活动"③。《隋书·经籍志》谶纬类《孔老谶》十二卷、《老子河洛谶》一卷等就是这类作品，这时的著名道士也多精通图谶，如楼观道的大师王嘉、梁朝的著名道士陶弘景等都制作过大量的谶语。所有这些都说明

① 《拾遗记》卷七。
② 《太平御览》卷 59 引，中华书局 1960 年版。
③ 钟肇鹏：《谶纬论略》，辽宁教育出版社 1991 年版，第 203 页。

了谶纬与道教的关系。

　　然而，正如钟肇鹏《谶纬论略》一书所言："谶纬是一个庞大的神学体系，其内容驳杂，可以说无所不包，与数术占卜、神仙方技、原始宗教、儒家经说以及自然科学都有密切的关系，而其核心则是以阴阳五行为骨架，天人感应为主体的神秘思想。"[①]　就王嘉的谶纬思想而言，本文只是就其核心内容作了简要论述，《拾遗记》中所包含的谶纬神学思想的其他方面，还有待将来做进一步的探讨。

　　总之，王嘉的思想以道家为主，作为楼观道的大师，他尊老子为教祖，积极地向世人宣传神仙道教思想。在佛教思想盛行的十六国时代，从佛道对立的角度看，王嘉确实有贬佛倾向，但不论是有意识还是无意识，佛教思想还是影响了他，《拾遗记》中与佛教有关的故事，一系列的佛教用语，一个个的佛教国度等就是有力的证明。另外在中国几千年的社会中，儒学始终处于统治地位，就是在王嘉生活的时代，统治者虽提倡佛学，但在政权领域仍然以儒家为正宗，加之王嘉从小生活的环境，都使他的思想深处打上了儒家思想的烙印。可以说，儒、释、道三家思想在王嘉的思想中，不是孤立的，互不相干的，而是相辅相成，有机地融合成了一个整体。除此之外，王嘉也受到谶纬思想的影响，写了大量的谶语，反映了他对时局的看法。全面了解了王嘉的思想，我们才能对王嘉及其《拾遗记》做出更为全面的审视和研究。

---

① 辽宁教育出版社 1991 年版，第 74 页。

第二章 《拾遗记》的历代著录、版本及体例研究

第一节 《拾遗记》历代著录情况

萧绮在《拾遗记序》中说："《拾遗记》者，凡十九卷，二百二十篇，皆为残缺。"可见，从王嘉著成《拾遗记》到南朝梁代短短的几十年中，由于战乱及其他原因，《拾遗记》已经残缺不全了。后来，经过萧绮"搜检残遗，合为一部，凡一十卷，序而录焉"①。这就是我们现在所见到的十卷本《拾遗记》。本节拟就《拾遗记》在历代的著录及流传情况分段作一详细的分析，因《名山记》一卷被认为是从王嘉《拾遗记》第十卷分出来而单独流传的，所以也一并列出其著录及流传情况。

（1）唐宋的著录情况

朝代	作者	书目	著录情况	性质
唐代	魏徵	《隋书·经籍志》史部杂史类	《拾遗录》二卷，伪（秦）姚苌方士王子年撰；《王子年拾遗记》十卷，萧绮撰。	官修
宋代	刘昫等	《旧唐书·经籍志》史部杂史类	《拾遗录》二卷，伪（秦）姚苌方士王子年撰；《王子年拾遗记》十卷，萧绮撰。	官修
	欧阳修等	《新唐书·艺文志》史部杂史类	《拾遗录》三卷，伪（秦）姚苌方士王子年撰；《王子年拾遗记》十卷，萧绮撰。	官修

---

① （梁）萧绮：《拾遗记序》。

续表

朝代	作者	书目	著录情况	性质
宋代	王尧臣等	《崇文总目》传记类	《王子年拾遗记》十卷。	官修
	陈骙	《中兴馆阁书目》史部别史类	《拾遗记》十卷,(晋)王嘉著。	官修
	郑樵	《通志·艺文略》史部杂记类	《拾遗录》二卷,伪(秦)姚苌方士王子年撰;《王子年拾遗记》十卷。	私藏
	晁公武	《郡斋读书志》史部传记类	《王子年拾遗记》十卷,(梁)萧绮叙录,晋王嘉,字子年,尝著书一百二十篇,载伏羲以来异事,前世奇诡之说,书逸不完,绮拾缀残阙,辑而叙之。	私藏
	陈振孙	《直斋书录解题》小说家类	《王子年拾遗记》十卷,(晋)陇西王嘉子年撰,萧绮叙录。	私藏
	尤袤	《遂初堂书目》史部杂传类	《王子年拾遗记》。	私藏

(2) 元代的著录情况

朝代	作者	书目	著录情况	性质
元代	脱脱	《宋史·艺文志》小说家类	《王子年拾遗记》十卷,(晋)王嘉。	官修
	马端临	《文献通考·经籍考》子部小说家	《王子年拾遗记》十卷。萧绮叙录,晋王嘉,字子年,尝著书二百十篇,载伏羲以来异事前世奇诡之说,书逸不完,绮缀拾残缺而叙之。	私藏

(3) 明代著录情况

朝代	作者	书目	著录情况
明代	杨士奇	《文渊阁书目》子部子杂类	《王子年拾遗记》一部二册,阙。
	焦竑	《国史·经籍志》史部杂史传记类	《拾遗记》二卷,(秦)王子年著;《王子年拾遗记》十卷。
	钱溥	《秘阁书目》子部子杂类	《王子年拾遗记》二卷。
	晁瑮	《晁氏宝文堂书目》中编子杂类	《王子年拾遗记》。
	陈第	《世善堂藏书目录》史部稗史、野史并杂记类	《拾遗记》十卷,王嘉著。
	叶盛	《菉竹堂书目》子部子杂类	《王子年拾遗记》二册。
	祁承㸁	《澹生堂藏书目》小说类	《王子年拾遗记》二册,十卷,王嘉著,萧绮录。

续表

明代	周弘祖	《近古堂书目》史部传记类	《王子年拾遗记》。
	黄虞稷	《千顷堂书目》第四十三卷	《拾遗记》。
	李廷相	《濮阳蒲汀李先生家藏目录》	《王子年拾遗记》二本；《拾遗记》二本。
	高儒	《百川书志》子部小说家类	《王子年拾遗记》十卷，（晋）陇西王嘉著，萧绮序录，二百二十篇。
	董其昌	《玄赏斋书目》史部杂史传记类	《王子年拾遗记》。
	赵用贤	《赵定宇书目》稗统目录第四册	《拾遗记》。
	徐𤊹	《徐氏家藏书目》子部小说类	《拾遗记》十卷，（晋）王子年，名嘉。
	钱谦益	《绛云楼书目》史部传记类	《王子年拾遗记》三卷，宋刻十卷，（梁）萧绮撰。《拾遗录》二卷，子年自撰也，子年，伪（秦）姚苌方士。

（4）清代的著录情况

清代	杨绍和	《海源阁书目》子部小说家类	《拾遗记》十卷，（晋）王嘉撰。
	瞿镛	《铁琴铜剑楼藏书目录》	《拾遗记》十卷。
	莫友之	《藏园订补郘亭知见传本书目》子部小说家异闻类	《拾遗记》十卷，（秦）王嘉撰。
	徐乾学	《传是楼书目》史部起居注	《拾遗记》十卷，（晋）王嘉。
	孙星衍	《孙氏祠堂书目》卷四说部第十二	《拾遗记》十卷，（晋）王嘉撰。
	钱曾	《述古堂藏书目》卷三小说家	《王子年拾遗记》十卷，四本。
	陈揆	《稽瑞楼书目》	《拾遗记》十卷，旧刻二册。
	杨绍和	《海源阁书目》子部小说家类	《拾遗记》十卷，（晋）王嘉撰。
	范邦甸	《天一阁书目》子部小说类	《王子年拾遗记》十卷（刊本）萧绮录。
	丁丙	《善本书室藏书志》子部十一	《王子年拾遗记》十卷，（明刊本。）（萧）绮序录。
	陆心源	《皕书楼藏书志》子部小说类	《王子年拾遗记》十卷。（明刊本。）（晋）王嘉撰，梁萧绮录。

续表

	周中孚	《郑堂读书记》卷六十六子部小说家异闻类	《拾遗记》十卷。
	张之洞	《书目答问》子部小说家	《拾遗记》十卷,(秦)王嘉,汉魏丛书本。
	秦荣光	《补晋书艺文志》子部小说家类	《拾遗记》十九卷。
	杨守敬	《日本访书志》卷八	《王子年拾遗记》十卷。(明翻北宋本。)《王子年拾遗记》十卷。(明嘉靖甲午翻宋本。)
	文廷式	《补晋书艺文志》史部杂史类	王嘉《拾遗录》三卷,《拾遗记》十卷(萧绮序)。
清代	丁国钧	《补晋书艺文志》乙部史录史考	《拾遗记》十卷,(王嘉。)谨按见《隋志》旧题"萧绮撰"("撰"当从《唐志》作"录"),绮序云:"本十九卷,书后残缺因删,集为十卷。"《拾遗录》两卷,(王嘉。)谨按见《隋志》旧题:"伪秦方士王子年撰",子年,嘉字也。(两唐《志》著录三卷。)
	黄逢元	《补晋书艺文志》史录杂史	《拾遗录》三卷。伪(秦)姚苌方士陇西王嘉字子年撰。
	永瑢、纪昀等	《四库全书总目提要》子部小说类	《拾遗记》十卷,(秦)王嘉撰。嘉字子年,陇西安阳人,事迹具《晋书艺术传》。
	永瑢	《四库全书简明目录》卷十四子部十一小说家类异闻	《拾遗记》十卷,(秦)王嘉撰。

(5) 近现代人的著录

	程毅中	《古小说简目》	《拾遗录》(《拾遗记》《王子年拾遗记》)存。有《稗海》本、齐治平校注本(中华书局版)。(后秦)王嘉撰。(梁)萧绮录。
近现代	袁行霈、侯忠义	《中国文言小说书目》	《拾遗记》十卷,存。(前秦)王嘉撰,(梁)萧绮录。
	宁稼雨	《中国文言小说总目提要》志怪类	《拾遗记》(《拾遗录》《王子年拾遗记》)十六国志怪小说。(后秦)王嘉撰,(梁)萧绮录。

（6）《名山记》的历代著录

（宋）陈振孙	《直斋书录解题》小说家类	《名山记》一卷，亦称王子年，即前之第十卷。大抵皆诡诞。嘉，苻秦时人，见《晋书·艺术传》。
（元）马端临	《文献通考·经籍考》小说家	《名山记》一卷。陈氏曰："亦称王子年即前之第十卷，大抵皆诡诞。嘉，苻秦时人，见《晋书·艺术传》。"
（元）陶宗仪	《说郛》卷六十六	《拾遗名山记》一卷，（晋）王嘉。
（明）陈第	《世善堂藏书目》卷上史类方州各志	《名山记》一卷，王子年。
（清）秦荣光	《补晋书艺文志》子部小说家类	《名山记》一卷。按《直斋书录》云：《拾遗记》之第十卷，王嘉撰。
（清）丁国钧	《补晋书艺文志附录》黜伪类史部	《名山记》一卷（王子年）。谨按见《文献通考》。即《拾遗记》中之第十卷。

　　以上是目前较容易见到的历代《拾遗记》的著录情况，另有一些著录由于资料有限，无法逐一列出。从历代对《拾遗记》的著录可以看到，自《隋书·经籍志》开始至明代，流传的《拾遗记》的本子，就一直有两种：一种是《王子年拾遗记》；另一种则为《拾遗记》。但蓝岚《〈拾遗记〉及作者》[①] 一文认为，《隋志》和新旧《唐书》著录的《拾遗记》，一本是《拾遗记》原文，另一本是萧绮的录，也就是说这一时期萧绮的录和王嘉的原文是分开单行的，所以把《拾遗录》著为王嘉撰，而把《王子年拾遗记》著录为萧绮撰。而且他还认为《记》与《录》作者之错讹，则为传抄之误。但这只是推测，没有确切的证据，不可信。一般还是认为《拾遗记》在这一时期有两种本子。《隋书·经籍志》《旧唐书·经籍志》《新唐书·艺文志》、郑樵的《通志·艺文志》、焦竑的《国史经籍志》、李廷相的《濮阳蒲汀先生家藏目录》、钱谦益的《绛云楼书目》等都著录：《拾遗录》二卷（《新唐书·艺文志》著录为三卷）和《王子年拾遗记》十卷。只是《隋书·经籍志》以及新旧《唐书》认为前者为王嘉撰，后者为萧绮撰。以后各家著录，只是标明《拾遗录》为王嘉撰，对《王子年拾遗记》，或著明萧绮录，或不著明撰人。可见，从宋代开

　　① 《天中学刊》2002 年第 3 期。

始，研究《拾遗记》的学者，一部分人已经开始认识到，这两种本子实际上内容是相同的，据推测可能是一本有萧绮的"录"，另一本则无。因此，自宋代始，另有一些学者在著录《拾遗记》时，就只著录其中的一个本子，如王尧臣、晁公武、尤袤、陈振孙、《宋史·艺文志》、杨士奇、钱溥、晁瑮、叶盛、祁承㸁、周弘祖，高儒、董其昌等著录《王子年拾遗记》；陈第、赵用贤，徐𤋏等著录《拾遗记》，不同之处只在卷数或册数。这大概是流传过程中出现不同的抄本、刻本的原因。

到清代，未见同时著录《拾遗录》和《王子年拾遗记》的情况，这说明，《拾遗记》至此已经被合为了一种本子在社会上流传，只是书名仍有两种，大多数著录为《拾遗记》十卷，也有少数著录为《王子年拾遗记》十卷。

值得注意的是明代高儒的《百川书志》，该书著录：《王子年拾遗记》十卷，晋陇西王嘉著，萧绮序录。但后又著明：二百二十篇。这个数字正好与萧绮序中提到的王嘉原书的篇数相吻合，只是卷数由十九卷变成了十卷。笔者认为，从唐至宋元，社会上没有十卷二百二十篇的《拾遗记》流传，到明代出现，有可能是明人的伪造，因为明代收藏古书的风气盛行，不排除一些人为了谋利而蓄意伪造。据文献记载，明代"嘉靖、隆庆期间，社会比较安定，学者出其绪余，以藏书相夸尚"①。与崇尚藏书相应，刻书的风气也是很浓的，这也必然会造成一些人对古书的肆意窜改，冯班的《钝吟杂录》曰："读书当求古本，新本都不足据。"冯班生活在明代后期，这句话就是针对明人对古书随意窜改的坏习气而言的。顾炎武的《日知录》亦云："万历间人，多好改窜古书，人心之邪，风气之变，自此而始。"所有这些即可见出明人擅改古书的荒谬。高儒的《百川书志》著录十卷二百二十篇的《王子年拾遗记》是否为明人窜改的结果，今已不可知。但二百二十篇的《王子年拾遗记》只在明代出现过，到清代没有再流传，说明清朝的藏书家也认为有问题，这就排除了出土或民

---

① 洪湛侯：《中国文献学新编》，杭州大学出版社1994年版，第343页。

间私藏的可能。

　　近现代流传的《拾遗记》，也只有一种，既带有萧绮录的《拾遗记》十卷本。程毅中《古小说简目》著明："《拾遗录》［《拾遗记》《王子年拾遗记》］。"可见程先生也认为，《拾遗录》实际上是《拾遗记》与《王子年拾遗记》的合本。袁行霈、侯忠义两位先生的《中国文言小说书目》则著录："《拾遗记》十卷。"而在后面的进一步说明中，两位先生也表达了与程毅中先生相同的观点："《拾遗记》卷首萧绮序云：原书本十九卷，二百二十篇。符秦末年经战乱佚阙，萧绮掇拾残文，定为十卷，并为之'录'。据此，《拾遗记》《拾遗录》实即一书。"①宁稼雨先生的《中国文言小说总目提要》对《拾遗记》的著录，则完全承程毅中先生的《古小说简目》，说明宁先生的观点也与程先生完全相同，故此不再赘述。目前《拾遗记》最通行的本子是中华书局1981年版的齐治平先生的校注本。

第二节　《拾遗记》版本研究

　　《拾遗记》自东晋十六国流传至今，几经散佚整合，萧绮的录和王嘉的原文也是分分合合，几经周折。又由于前人对志怪小说的轻视，因此，同魏晋南北朝大多数志怪小说一样，《拾遗记》问世千年以来，"不列学官，不收秘阁，山镵塚出，几亡仅存"，莫说是善本，就连一个较少错误和脱漏的抄本也难得寻觅。本节将根据有关的序跋及资料记载对其版本概貌略加梳理。

一　《拾遗记》的各种版本

　　《隋书·经籍志》《旧唐书·经籍志》《新唐书·艺文志》都同时著录了《拾遗记》的两卷本和十卷本。可见，《拾遗记》在唐宋时就已难见全貌，唐宋以后则更是如此，许多著家把《拾遗记》第十卷分出来单独著录为《拾遗名山记》，综观历代的著录，把《拾遗记》

---

① 袁行霈、侯忠义：《中国文言小说书目》，北京大学出版社1981年版，第20页。

第十卷分出来单独著录的主要有陈振孙的《直斋书录题解》、马端临的《文献通考·经籍考》、民国国学扶轮社辑的《古今说部丛刊》、明代□□辑的《五朝小说》、民国吴曾祺辑的《旧小说》、元代陶宗仪辑、陶珽重校的《说郛一百二十》、宁稼雨的《中国文言小说总目提要》、程毅中的《古小说简目》等。也有把《拾遗记》中的一些著名的小故事分出来单独著录的，如明秦淮寓客辑的《绿窗女史》分别著录《翔风传》《赵夫人传》《丽姬传》各一卷；民国吴曾祺辑的《旧小说》著录《薛灵芸传》《麋生瘝卹记》；明代□□辑的《五朝小说》也著录《薛灵芸传》《麋生瘝卹记》各一卷等。另外，除唐宋时的二卷本和十卷本以外，又出现了一卷本甚至不分卷的本子。下面笔者以时间先后为序，试就目前所见的一些本子，分别作一介绍。

（一）元代

《说郛》一百卷本：元代陶宗仪辑，张宗祥重校。不分卷，后有弘农杨氏抄本和民国十六年（1927）上海商务印书馆的排印本。

（二）明代

（1）明嘉靖四年（1525）顾氏思玄堂刻本。十卷，题后秦王嘉撰。十行十八字，白口，左右双边，有刻工。

（2）明嘉靖十三年（1534）世德堂翻宋本。十卷，后秦王嘉撰。此本十行十八字。白口，左右双阑。首卷先萧绮叙录，叙录后为本卷目录，目录直接本书。卷中遇宋讳皆缺末笔，其款式是从旧本出者。后序附卷十末，钤有"苍岩山人书屋记"，朱文长方印。梁清标旧藏。全书共十卷。至清康熙二十二年癸亥，毛斧季（扆）据旧录本对此本作了手校。毛斧季所据凡二本，一为十二行二十三字，一为九行十八字。校后的《王子年拾遗记》仍为九行十八字。末有斧季手记两行："癸亥中秋前四日从旧录本校勘。丙辰春抄阅毕。"钤有"汲古阁"（朱）、"西河季子之印"（朱）、"虞山毛扆校"（朱）、"清河仲子"（朱）、"斧季"（朱）、"张成之印"（白）。此本是《拾遗记》现存刻本中最早也是最好的版本，后有明代吴琯辑的《古今逸史》本、何允中刊的《广汉魏丛书》本等。由齐治平校注，中华书局1981年出版的《拾遗记》校注本也以这个本子为底本。

（3）明万历二十年（1592）程荣刊《汉魏丛书》本，九行二十字，白口，左右双阑。此书共十卷，后有民国十四年（1925）上海商务印书馆据明万历程氏的影印本以及傅增湘校跋并录清毛扆题识本。

（4）明万历二十年（1592）何允中刊《广汉魏丛书》本，九行二十字，白口，左右双阑。全书共十卷，此本又有清嘉庆年间的重刊本。

（5）明万历年间商濬刊《稗海》本，题前秦王嘉撰，九行二十字，白口，四周单边。此本分卷而无标题，也没有萧绮的序和书后所附的《王嘉传》，萧绮的录也所存无几，且与《记》混而不分。此本清代有两种重刊本，即清康熙中振鹭堂据明商氏刊版重编补刊印本以及清乾隆中根据振鹭堂版修补的重订本。

（6）明万历年间李栻刊《历代小史》本，十一行二十六字，白口，四周双阑。全书共一卷，题后秦王嘉撰。

（7）明万历年间吴琯辑《古今逸史》本，一册，十卷，九行二十字，白口，左右双边，单白鱼尾。

（8）明天启三年（1623）吴世济《汉魏丛书》抄本，九行二十字，白口，四周单阑。

（三）清代

（1）清康熙七年（1668）汪士汉据《古今逸史》本刊版重印的《秘书廿一种》本。清翁同龢批，十行二十字，白口，左右双阑。此本又有清嘉庆九年（1804）新安汪氏重印本。

（2）清乾隆三十年（1765）纪昀等奉敕辑的《四库全书》本，此本后又有四个抄本即清文渊阁抄本、文溯阁抄本、文津阁抄本、文澜阁抄本。

（3）清乾隆三十八年（1773）于敏中辑的《摘藻堂四库全书荟要》本。

（4）清乾隆五十六年（1791）金谿王谟辑的《增订汉魏丛书》本，全书共十卷。此书后又有清光绪二年（1876）红杏山房刊本、清光绪六年（1880）三余堂刊本、清宣统三年（1911）上海大通书局的石印本以及民国四年（1915）蜀南马湖卢树楠修补印本。

（5）清光绪元年（1875）湖北崇文书局刊的《子书百家》本，共十卷。

（6）清宣统元年（1909）由□□辑，梦梅仙馆刊的《无一是斋丛抄》本，共一卷。

（7）清光绪年间崇文书局刊扫叶山房 1919 年的石印本影印的《百子全书》本，共十卷。

（四）民国及近现代

（1）1920 年涵芬楼据明抄本排印的《说郛》本，全书共一卷，每卷仅录数语。

（2）民国吴曾祺辑民国二十四年（1935）商务印书馆排印的《旧小说》本，收《王子年拾遗记》十九则。此本又有 1957 年商务印书馆的排印本。

（3）中华书局 1981 年的校注本。齐治平先生校注。全书共十卷，以明世德堂翻宋本为底本，重新加以点校，在书首编排总目，总目下有齐治平先生前言，再后面是萧绮的序。书后附王嘉的传记材料以及对《拾遗记》历代著录的评论，便于查检。

（4）上海古籍出版社 1999 年的《汉魏六朝笔记小说大观》本，王根林校点。共十卷，以古今逸史本为底本，而校以他本，予以分段、标点。

二　《拾遗记》的版本系统

如前所述，由于前人对志怪小说的轻视，《拾遗记》"千年以来，不列学官，不受秘阁"，大多时间在民间流传。自元代以后，明、清两代官修书目均不收《拾遗记》，即可见一斑。因此，《拾遗记》的版本系统也较难梳理，李剑国和齐治平二先生对《拾遗记》的版本系统都有所论述，现结合两位先生的研究及有关的文献资料将《拾遗记》的版本系统概述如下：《拾遗记》的版本就目前所见大致有两个系统：一是从明嘉靖顾春世德堂翻宋本起，明万历年间的程荣刊《汉魏丛书》本，明吴琯的《古今逸史》本，王谟的《增订汉魏丛书》

本,《百子全书》本,清汪士汉的《秘书廿一种》本,《龙威秘书》本,中华书局 1981 年齐治平的校注本,上海古籍出版社 1999 年的《汉魏六朝笔记小说大观》本等都是一个系统,这一系统的《拾遗记》是有序有录有标题的十卷本。另有《古今小史》本,无前序而有标题,经对比内容与这一系统基本相同。另一系统是《稗海》本。这一系统的本子与前一系统出入较大,而与《太平广记》引文多同,笔者怀疑,《稗海本》可能是从《太平广记》等书中辑出。这一系统的《拾遗记》分卷但无标题,没有萧绮的序文以及书后所附的《王嘉传》,萧绮的录在此书中所存无几,且与正文混而不分。但由于《太平广记》在辑录小说材料进行编排的时候,尽量保了小说的原文,因此,《稗海本》中的材料较前一系统更接近古本原貌。以上两种版本系统就优劣而言,前一系统的版本分卷,每卷有标题,而且萧绮的录与原文形成了一个有机的整体,便于研究。相对而言,《稗海本》在校勘方面的价值较高,齐治平先生校注《拾遗记》就多以此书为依据。

第三节　《拾遗记》与杂史杂传

杂史杂传体志怪是由杂史杂传敷衍而来的。《隋志》杂史类序曰:"自后汉以来,学者多抄撮旧史,自为一书,或起自人皇,或断之近代,亦各有志,而体制不经。又有委巷之说,迂怪妄诞,真虚莫测。然其大抵皆帝王之事,通人君子,必博采广览,以酌其要。"《文献通考》卷一百九十五引《宋三朝志》亦曰:"杂史者,正史、编年之外,别为一家,体制不一,事多异闻,言过其实。"又《隋志》杂传类序曰:"汉时阮仓作《列仙图》,刘向点校经籍,始作《列仙》《列士》《列女》之传。皆因其志尚,率尔而作,不在正史。"可见,杂史杂传所记恰在正史忽略或有意舍弃之处,多记载历史人物的日常言行、琐事遗闻。其中不免包括某些奇奇怪怪荒诞不经的故事传说。杂史杂传的这一特点,刘勰在《文心雕龙·史略》也有所论述:"俗皆爱奇,莫顾实理,传闻而欲伟其事,录远而欲详其迹,于是弃同即异，穿凿旁说，旧史所无，我书则传。"刘知几则概括了杂史别传兴盛的原因，他说："（汉末）天下大乱，史官失守其常。博达之士，愍其废绝，各记闻见，以备遗亡。是后群才景慕，作者甚众。"①总的来看，在内容上，杂史杂传体志怪是杂史杂传的进一步虚化和志怪化，但在形式上，杂史杂传体志怪则完全承史而来。本节将就《拾遗记》与杂史杂传的关系作一深入的探究。

一　独特的史体结构

自从汉代司马迁《史记》首创纪传一体，历代的正史无不因袭。何谓纪传？唐代史学家刘知几说："夫纪传之兴，肇于《史》《汉》，盖纪者，编年也；传者，列事也。编年者，历帝王之岁月，补《春秋》之经；列事者，录人臣之行状，犹《春秋》之传。"② 然自《史记》之后，正史多载一朝之事，很少如司马迁，把上下三千多年的历史汇集一书。《史记》历述上古：五帝、夏、殷、商；近古：秦、秦始皇、项羽；当朝：汉高祖、吕太后、孝文帝、孝景帝、孝武帝等三个历史时期诸朝诸君之事，记述了包括帝王、诸侯、士，甚至农民起义的领袖等形形色色的历史人物，是中国历史上第一部纪传体通史。《拾遗记》不论是外在的整体结构还是内在结构，都具有纪传体通史的特点。《拾遗记》全书的目录如下：

卷一：春皇庖牺　炎帝神农　轩辕黄帝　少昊　颛顼　高辛　唐尧　帝舜；

卷二：夏禹　殷汤　周；

卷三：周穆王　鲁僖公　周灵王；

卷四：燕昭王　秦始皇；

卷五：前汉上；

卷六：前汉下；

卷七：魏；

---

① 程千帆：《史通笺记》卷十五，中华书局1980年版。

② 程千帆：《史通笺记》卷二《列传》，中华书局1980年版。

卷八：吴　蜀；

卷九：晋时事；

卷十：昆仑山 蓬莱山 方丈山 瀛洲 员峤山 岱舆山 昆吾山 洞庭山。

从外在的整体结构上看，除第十卷外，《拾遗记》上自春皇庖牺，下至晋时事，以历史年代为经，俨然就是一部纪传体的通史。实际上，志怪小说《拾遗记》的这一结构，除受《史记》的影响外，也是王嘉有意模仿前代或同时代杂史杂传的结果，齐治平先生在《拾遗记·前言》中就说："在王嘉《拾遗记》以前，据《隋志》著录，有韦昭《洞记》四卷、皇甫谧《帝王世纪》十卷、来奥《帝王本纪》十卷、吉文甫《十五代略》一卷，这些书都是从庖牺至汉魏，和《拾遗记》前九卷体例大约相同，特别是《十五代略》一书，和《拾遗记》之'文起羲炎以来，事讫西晋之末，五运因循，十有四代'者，更为符合。"① 而刘知几、胡应麟、杨慎等将《拾遗记》视作"史"的基点也在其史的体例上。

《拾遗记》在每一卷内容、每一朝事迹记述的前后顺序上，也体现出"史"的体例：以时间先后为序，先记帝王以及与帝王有关的琐事，最后再记一些名人逸事。如卷六"前汉下"，以先后顺序记述的帝王有：汉昭帝、汉宣帝、汉成帝、汉哀帝；"后汉"所及帝王有：汉明帝、汉章帝、汉安帝、汉灵帝、汉献帝。在帝王之外，"后汉"部分也记录了郭况、刘向、贾逵、何休、任末、曹曾等的名人逸事，也都是以时间先后为序的。对于帝王妃子的记述，多放在帝王之下，或与帝王之事交叉记载，如卷八"吴"先记孙坚出生的神异，接着载录孙权及其两位夫人赵夫人、潘夫人。

《史记》在记述一个历史人物的生平事迹时，往往将一个人的生平事迹，一件历史事件的始末经过，分散在数篇之中，参错互见，彼此相补，这种记述人物的方法，后代的学者称之为"互见法"。《拾遗记》中也有这一手法的运用。如对秦始皇的记述，主要集中在卷四

---

① （晋）王嘉撰，（梁）萧绮录，齐治平校注：《拾遗记·前言》，第5页。

"秦始皇"部分，表现秦始皇作为中国历史上第一个大一统的封建帝王，享受各国贡品，希求长生之术以及耗巨资建"子午台"的逸闻趣事，反映出秦始皇穷奢极欲追求享乐的一面。而在卷五"前汉上"则记述了秦始皇怕泄露秘密，把为自己修陵墓的工人活埋在墓中的故事，反映出了秦始皇残暴的一面。只有将两卷中有关秦始皇的记录联在一起，展现给读者的才是一个完整的秦始皇形象。这种记述人物的"互见法"，在《拾遗记》中出现，不论是巧合，还是王嘉的有意而为，都是《拾遗记》所具有的"史体特征"的反映。

《史记》除"十表""八书"外，基本上都是记人的，是以人系事的。《拾遗记》对上自三皇五帝，下至后赵石虎十五朝逸闻趣事的叙写，也主要是靠众多的历史人物以及有历史人物参与其中的历史事件完成的，虽然较正史而言，其中的有些事件表现得荒诞不经。就是记述一个历史人物的杂传，《拾遗记》也如正史一般，先交代其姓名籍贯、家庭背景，然后再记述其事迹，如卷七"薛夏"条，开头即说："薛夏，天水人也。"接下来交代他的出生："母孕夏时，梦人遗之一箧衣云：'夫人必产贤明之子也，为帝王所崇。'"后面就紧接着讲他一生的主要事迹："（薛夏）年及弱冠，才辨过人，魏文帝与之讲论，终日不息，因对如流，无有疑滞。……位至秘书丞。……名冠当时，为一代高士。"所有这些事件，都是以薛夏为主人公贯穿起来的，完全符合史传文学以人系事的叙事体例。《拾遗记》中这样的例子还有很多，如卷七"田畴"条、"任城王彰"条、"薛灵芸"条，卷六"曹曾"条、"郭况"条等，兹不具述。

《拾遗记》独特的史体结构，还表现在萧绮的"录"上。正史每一篇传记之后，都有撰者的"赞"或"论"，而《拾遗记》中，萧绮在一些人物的杂传之后或者他认为有感而发之处，都以"录"的形式记下了他对王嘉所述人物或所记事件的观点和态度，与正史人物传记后的论赞如出一辙。李剑国《唐前志怪小说史》如此评论萧绮的录："萧绮的录或在各条后，或在各篇末，凡三十七则。周中孚云：'录即论赞之别名也。'内容大抵是就该条或该篇所记事进行发挥或补证。"① 候忠义先生也说:"萧绮之'录',相当于论、赞,是对书的内容的分析和评价。"② 除此之外,张侃的《试谈萧绮对〈拾遗记〉的整理和评价——从小说批评史的角度加以考察》一文也指出:"流行于史学领域内的诸如《史记》每篇记传后的'太史公曰',《汉书》每传后的'传赞'等,亦大都以轩轾历史人物,阐发作者的感慨为旨,与经学研究中的'序'大致相同。……都影响到了文学研究尤其是小说研究的发展。"③ 由此可见,《拾遗记》中的正文与"录"虽非出自一人之手,但从《隋书·经籍志》开始,就成为历代著录者,把它列入杂史的一个重要因素之一,现当代研究小说的学者也都把萧绮的"录"看作是《拾遗记》成为杂史杂传体志怪小说在结构上一个不可或缺的部分,也直接影响了唐传奇的结构模式。

二　史的叙事特色

在中国古代的文学艺术分类传统中,小说和叙事诗、史传等叙事文学虽然从表面上看是截然不同的文学样式,却具有共同的艺术特征,即叙事性。保罗·利科说:"一部史书能被读为小说,这样做时,我们加入阅读的契约,并共享该条约所创立的叙事的声音与隐含的读者之间的共谋关系。"④ 反过来也是如此,小说被读为史书,也是因为两者有着共同的叙事结构。钱钟书先生对此也有精辟的论述:

> 史家追叙真人真事,每需遥体人情,悬想事势,设身局中,潜心腔内,忖之度之,以揣以摩,庶几入情入理,盖与小说、院本之臆造人物,虚构境地,不尽同而可通。⑤

---

① 李剑国:《唐前志怪小说史》,天津教育出版社 2005 年版,第 349 页。

② 侯忠义:《汉魏六朝小说史》,春风文艺出版社 1989 年版,第 104 页。

③ 《复旦大学学报》1995 年第 2 期。

④ 转引《北美中国古典文学研究名家十年文选》,江苏人民出版社 1996 年版,第 354 页。

⑤ 钱钟书:《管锥编》第一册,中华书局 1979 年版,第 116 页。

杂史杂传体志怪小说《拾遗记》多记历史人物和历史逸闻，其叙事特色也与史书一脉相承。

1. 史的叙事视角。叙事视角指的是叙述者从某一角度选择、审视、叙述故事。一般认为，他表现为叙述者与人物之间的关系：叙述者是大于人物，是等于人物，还是小于人物？叙述者大于人物，一般称"全知叙事"；叙述着小于或等于人物一般称为"限知叙事"。杨义《中国叙事学》认为："我国传奇小说在把史传文体细腻的同时，较多地沿袭了历史叙事的全知视角；而志怪小说别出心裁，标新立异，其中的佳作较多地采用限知叙事"① 杨义先生的这段话是就《搜神记》《幽明录》等志怪小说而言的。至于《拾遗记》，由于其以史的结构记录历史人物和历史逸闻，直接影响了唐传奇的产生，其叙事方法基本还是沿袭史著的叙事法，因此，更多地采用了全知视角叙事。

史书由于要全方位的搜集材料，全面地直录史实，因此，如果用限知叙事，就无法全方位地表现重大历史事件的复杂因果关系、人事关系和兴衰存亡的形态。《拾遗记》在宋代以前被著录在史部杂史类，除独特的史体结构外，还因为其全知的叙事视角。从卷一至卷九，王嘉总是以史家的口吻来记录历朝历代的逸闻趣事，如卷三记周穆王与西王母在深夜的相会，王嘉对西王母所乘之车、所从侍卫以及西王母穿的鞋子、坐的垫子，献的东西等都有一个详细的记录，几乎无所不知，他简直就是整个事件的直接参与者！又如卷九"石崇爱婢翔风"条，讲翔风被先宠后弃的全过程，其中故事中的一些细节如石崇与翔风的山盟海誓、翔风独守空房的寂寞心情以及所赋五言怨诗等，作者都是以全知的视角向读者娓娓道来的。另外，卷六灵帝在裸游馆荒淫无度的生活，卷五汉武帝对李夫人在无尽的思念中细微的心理描写，卷六刘向校书天禄阁夜遇太一之精的过程等都是在全知叙事视角的观照下完成的。《拾遗记》中一些简短的人物杂传大多采用的也是全知的叙事角度，如卷七"田畴条"记述田畴在"往虞墓设鸡

① 人民出版社 1997 年版，第 214 页。

酒之礼"的过程中,其"恸哭之音"感动了刘虞的鬼魂,于是刘虞之魂遂与之相见,"相与进酒肉"且屈膝相谈。试想,如果不用全知的叙事视角,又怎能够得以表现?

《拾遗记》中多用全知的叙事视角,但并不是说,完全没有限知视角的叙事,实际上,限知叙事在《拾遗记》中也多有表现,如卷五"怨碑"条,只说"昔生埋工人于冢内,至被开时皆不死"。但工人在冢内是如何生活的,王嘉没有交代。很明显,这是以限知叙事的角度来讲述故事的。

2. 史的叙事原则。史传文学"述"而不"作"的客观叙事原则也影响了具有史体结构的志怪小说《拾遗记》,这是因为志怪小说特别是具有杂史杂传体性质的志怪小说从一开始就是在历史的荫庇下生长的,其叙事的原则就不能不受史书的影响。志怪小说的叙事者首先在观念上即认定这些神怪故事乃是实有的事情,因此对于"变异之谈"采取"大抵一如今日之记新闻"① 的传录态度,而不再加自己的虚构,"其叙事异事,与记载人间常事,自视固无诚妄之别"②。这种客观性叙事特征的"影响在小说中的具体体现是,叙事者对所叙故事不进行干预,绝不随意在情节进展中插入议论,不分开表明自己的观点,而是将故事按照生活实际发生的那样一幕幕展现给读者,读者在接受故事时,几乎没有感觉到有一个讲述者在场。叙述者只是偶然在故事结尾处作些简单的评论或解释,呈现出最大限度的隐蔽"③。

另一方面也是因为在中国古代,小说一直是作为子史的附庸而存在的。封建文人历来重视子史而轻视小说,魏晋南北朝志怪小说作家,为了让自己的创作得到统治者和大部分封建文人的认可,他们就想方设法靠近史书,力求得到一席之地,站稳脚跟。如前所述,他们除以史的结构来结构自己的作品以外,在内容上也力求向史书靠拢。

---

① 鲁迅:《中国小说历史的变迁》,《鲁迅全集》第 9 卷,人民文学出版社 1982 年版,第 309 页。

② 鲁迅:《中国小说史略》,上海古籍出版社 1998 年版,第 24 页。

③ 李伟昉:《略论六朝志怪小说的两大叙事特征》,《社会科学研究》2004 年第 5 期。

为了抬高自己创作的价值，他们也愿意把作品与史书比附，且往往以正史为对照，努力将小说功能与史鉴功能合为一谈，大力宣传自己作品的真实性。晋干宝将其《搜神记》与《左传》并论，他一再申辩《搜神记》"无失实者"，"苟有失实"① 愿受谤讯。葛洪在《西京杂记跋》中认为刘歆所积累的历史资料，与班固的史学名著《汉书》是同一性质的著作，都属于历史，他说："考校班固所作，殆是全取刘书，有小异同耳。并固所不取，不过二万许言。尽抄出为二卷，名曰《西京杂记》，以裨《汉书》之阙尔。""补史之阙"的特点在《拾遗记》中表现得更加明显，《拾遗记》以史的结构、史的叙事方式构成一个外在框架，又以大量的历史故事和历史人物构成小说的中心内容，难怪萧绮《拾遗记序》云："（《拾遗记》）推祥往迹，则影彻经史。"这种借"往迹""影彻经史"的例子在《拾遗记》中是随处可见的。

以上诸因素使得《拾遗记》也继承了史的客观叙事原则，如卷九的"翔风"条，就是最能表现这种客观叙事原则的故事之一。故事的开头，简单的交代了故事中人物的关系、时代、背景，接着讲翔风美丽绝伦的容貌以及石氏之富，继述由于翔风的聪慧而博得石崇对她的专宠以及石崇荒淫奢侈的生活，故事的结尾则讲翔风由于妙年者"竞相排毁"被退以及翔风独守空房的寂寞、无奈、凄苦的心情。可以看到，整个故事始终保持着客观性，作者没有站出来发表评论，但通过对故事开头翔风的专宠，与故事结尾独守空房的寂寞作一对比，作者的爱憎、褒贬则溢于言表。《拾遗记》中这种叙事具有客观性特征的故事还有很多，如卷七的"薛灵芸"条，卷五的"汉武帝李夫人"条等，不再详论。

需要注意的是，不论是史书还是小说，其客观的叙事原则也是相对的。浦安迪先生说："真实一词在中国则更带有主观的和相对的色彩……中国叙事传统的历史分支和虚构分支都是真实的——或是实事

---

① （晋）干宝撰：《搜神记》，汪绍楹校注，中华书局1979年版，第2页。

意义上的真实，或是人情意义上的真实。"① 中国的史学著作大都是史官而为，因此儒家的忠孝观念等会使他们在记述历史人物或历史事件时不自觉地带有主观感情在里面，就是被班固称为"不虚美，不隐恶"②的"实录"精神典范的司马迁，自己也宣称撰写《史记》时也是"择其言而雅者"③而用之的。章学诚也曰："史所贵者，义也；而所具者，事也；所凭者，文也。"④这里，章先生清楚地表明古代史家对历史的态度是"义""事""文"三者并重的。具有杂史杂传体性质的志怪小说《拾遗记》这方面的倾向更为明显，其作者王嘉本人就是因为"政治倾向"而被杀，他在著作《拾遗记》的过程中也把这种倾向带到了具体的故事中，如《拾遗记》卷九写到了姚馥的嗜酒以及张华的"消肠酒"使时人"宁得醇酒消肠，不与日月齐光"之事等，都是魏晋文人思想痛苦、寻求解脱心理的形象写照；卷六"琅邪王溥"条则揭露了东汉后期统治阶级卖官的丑恶行径；卷五"怨碑"条，以正史所不载的怨碑之事，进一步揭露秦始皇的残暴。梁启超说："须知作小说者，无论骋其冥想至何程度，而一涉笔叙事，总不能脱离其所处之环境，不知不觉，遂将当时社会背景写出一部分来，以供后世史家之取材。小说且然，他更何论……"⑤的确如此，史家和小说作家都是社会中的现实的人，他们无论如何"客观"地叙事，总有时代的影子在里面，因此，这种"客观"也是相对的。

　　3. 史的叙事时间。众所周知，唐以后的小说，甚至是元、明、清的白话小说，在叙事的时间上，往往"花开两朵，各表一枝"，也就是说作者把所叙的事件的几个方面，交叉向读者讲述，且在讲述的过程中也运用多种叙事方法，如插叙、追叙、倒叙等，叙事时间往往是错乱的，立体的。但史书在叙事的过程中，总是以时间先后顺序记

①　浦安迪：《中国叙事学》，北京大学出版社 1996 年版，第 31—32 页。
②　《汉书·司马迁传》，中华书局 1962 年版，第 2738 页。
③　《史记·五帝本纪》，中华书局 1959 年版，第 46 页。
④　叶瑛：《文史通义校注》卷三，中华书局 1985 年版，第 219 页。
⑤　梁启超：《中国历史研究法》，上海古籍出版社 1998 年版，第 53 页。

述人物的生平经历或历史事件的前因后果，在叙事时间上总是直线前进的，且多用顺序。法国叙事学家兹维坦·托多罗夫对一维的直线叙事时间有精确的描述，他说："从某种意义上说，叙事时间是一种线形时间，而故事发生的时间是立体的。在故事中，几个事件可以同时发生，但是话语则必须一件一件地叙述出来；一个复杂的形象就被投射到一条直线上。"①《拾遗记》史的结构，史的叙事原则，使其在叙事时间上也就采用与史相同的一维性的直线叙事方法，在叙事方式上也以顺序为主。从宏观上看，《拾遗记》"文起羲炎以来，事迄西晋之末"，历数十几朝之事，在叙事时间上是一维的直线的；从微观上来看，就一个小故事，人物杂传，在叙事时间上也多采用一维的直线叙事方法，如卷七"薛夏"条，先交代了他的籍贯、姓名，接着从他出生讲到以后的长大成才以及皇帝的赏识等，都是一维性的直线叙事，中间没有插入任何与薛夏成长过程有关的其他人物、事件。

但正如正史也时以插叙、倒叙等叙述手法结构故事一样，《拾遗记》在记述历史人物的逸闻趣事时也有对插叙、倒叙等叙事方法的运用。《拾遗记》卷五"前汉"部分就插入了秦始皇之事，从宏观上来看，这是插叙。但也应该清楚，《拾遗记》中主要的叙事方面仍然是顺叙，插叙等叙事方法的出现仅仅是整体顺序框架中的点缀和装饰，并没有从整体上改变叙事时间的一维性。

综上所述，独特的史体结构，史的叙事特色，使《拾遗记》具有了杂史杂传的性质和特点。

第四节 《拾遗记》与地理博物体志怪

"地理博物志怪"乃是以地域方位为基本框架，以记录有关山川地理、远国异民、草木禽兽、珍宝奇物的传闻为其主要内容的志怪小说。地理博物体志怪源于先秦的地理博物传说，是地理博物传说的巫

---

① ［法］兹维坦·托多罗夫：《叙事作为话语》，朱毅译，张寅德编选《叙事学研究》，中国社会科学出版社 1989 年版，第 294 页。

术化、志怪化的产物。众所周知，《禹贡》是中国远古时代的地理著作，内容符合《淮南子·要略》所提出的"地形者，所以穷南北之修，极东西之广，经山陵之形，区川谷之居，明万物之主，知生类之众，列山薮之数，规远近之路，使人通回周备，不可动以物，不可惊以怪"的原则。而同样被认为是地理博物之书并被《隋书·经籍志》著录在史部地理类的《山海经》虽然也记载了大量的四方八荒、海内海外的名山大川、动植物产、远国异民，但相对于《禹贡》而言，却有点虚而不实，幻而不真。《四库全书总目》史部地理类序云："古之地志，载方域、山川、风俗、物产而已。其书今不可见，然《禹贡》《周礼·职方氏》其大较矣……若夫《山海经》《十洲记》之属，体杂小说。"实际上，早在魏晋时期，郭璞即认为《山海经》"宏诞迂夸，多奇怪倜傥之言"，显然是小说所具有的特点；明代胡应麟最先注意到它"偏好语怪"①的内容特点，认为它是"古今语怪之祖"②。所以李剑国说："由于《山海经》的出现，地理博物传说终于脱离开诸子杂书，取得独立性而发展为小说。在中国小说史上，《山海经》是最早的地理博物体志怪小说，以它为起点，构成一个颇为丰富的地理博物体志怪谱系。"③

地理博物体志怪小说以《山海经》为起点，受其影响的谱系即《神异经》《洞冥记》《十洲记》《博物志》等。这批地理博物体志怪小说在效仿《山海经》的基础上又有自己新的特点。从作者方面来看，这批志怪小说作者，大都以学者的态度编撰志怪之书，因此，"博"与"杂"成为这批志怪之作的鲜明特色。他们大多是学贯古今的学者或方士。如东方朔就以通贯古今而闻名，张华则更以博闻强识而著称，《晋书·张华传》称"华学业优博，词藻温丽，朗赡多通，图纬方技之书，莫不详览"。又《世说新语·言语第二》刘孝标注引《晋阳秋》云："（张）华博览洽闻，无不贯综。世祖尝问汉事，及建

---

① 《少室山房笔丛·三坟补逸下》，上海书店出版社 2001 年版。
② 《少室山房笔丛·四部正讹下》，上海书店出版社 2001 年版。
③ 李剑国：《地理博物体志怪小说的产生和发展》，《南开大学学报》1984 年第 5 期。

章千门万户。华画地成图，张安世不能过也。"后来的郭璞、任昉等写作志怪小说的作者，无一不是博览洽闻之士。从作品的结构来说，最初的地理博物体志怪都是以地理方位为基本框架的，如《山海经》就分为《山经》五篇、《海经》八篇、《荒经》五篇，同样《神异经》全书也分为《东荒经》《东荒南经》《南荒经》《西南荒经》《西荒经》《西北荒经》《北荒经》《东北荒经》《中荒经》九篇。《十洲记》则记汉武帝闻西王母言八方巨海中有祖洲、瀛洲、玄洲、炎洲、长洲、流洲、生洲、凤麟洲、聚窟洲，遂向东方朔问及其状，朔详言十洲及沧海岛，方丈洲、蓬莱山、昆仑山之大丘灵阜，真仙神官，鲜草灵药，干液玉英，奇禽异兽等。相比较而言，《博物志》等后期的志怪小说，在结构上则不拘泥于《山海经》《神异经》等前期地理博物体志怪的基本框架而较为灵活。从内容方面而言，地理博物体志怪《洞冥记》《博物志》等则以杂记各种逸闻及神山仙境、山川地理、奇花异草、飞禽走兽等为主，内容与《山海经》《神异经》相通且有所扩大。就《博物志》而言，其所记涉及《山海经》《河图玉版》《尔雅》《河图括地象》《禹贡》《援神考》《神仙传》《神农经》《神农本草》《神仙药服食方》《孔子家语》《徐偃王志》《异说》等三十多种典籍篇章，内容包括地理山水，异域遐方、异产异俗、方术杂说、史补杂考等，难怪崔世节的《博物志跋》称其"天地之高厚，日月之晦明，四方人物之不同，昆虫草木之淑妙者，无不备载"。明代的胡应麟亦视之为"杂俎之祖"，是很有见地的。从这里就可以看出《博物志》内容上"博"而"杂"的特点。

在弄清楚地理博物体志怪小说的演化过程及其内容与结构上的一些基本特点之后，下面笔者将重点讨论《拾遗记》与地理博物体志怪的关系。

一 地理博物体的内容

《拾遗记》的内容，历来以"杂"著称。通过对《拾遗记》与《博物志》的比较看，《拾遗记》与《博物志》虽然在结构上有所不同，但在内容上确有很多相同之处。《博物志》特列"山目"；而

《拾遗记》卷十则独标八仙山；《博物志》特列"外国""异俗""异人""异产"一卷，而《拾遗记》则多载远国殊域；《博物志》特列"史补"一卷，《拾遗记》则记载很多历史轶闻，名人传记；《博物志》特列"异类、异鸟、异虫、异鱼、异兽"一卷，《拾遗记》则杂记飞禽走兽，草木虫鱼。具体来说：

《拾遗记》中记载了七十多种植物的名称，且对其中的绝大多数进行了具体形态的描述。如"大如盖，长一丈……其叶夜舒昼卷，一茎有四莲丛生"的夜舒荷；"状如菖蒲"的芸苗；"状如蓍，一株百茎，昼则丛条扶疏，夜则合为一茎，万不遗一"的合欢草以及"叶色如绀，茎色如漆，细软可萦，海人织以为席荐，卷之不盈一手，舒之则列坐方国之宾"的濡奸等。这些植物很多可以和今天的植物对照出来，木本植物如桑树、桂树、桃树、枣树、连理树、沙棠木、大桐木以及竹、梓、柏、松等；草本植物如荷、禾、麦、谷、麻、稻、茅、豆、瓜等，并且王嘉还记录了有些植物的药用功效，如说"分枝荷食之令人口气常香，益脉理病"；"延精麦，延寿益气"；"昆和麦，调畅六府"等。虽然在记述这些植物的功效时，作为道教方士的王嘉为宣扬神仙之术，对其中一些植物的功效有所夸大，如"一岁百获，一茎满车"的"千茎穟"，"食之不老"的紫菱；"食之益寿，后天而老"的通明麻等，但这也并非捕风捉影，实际上还是有所凭据的。

《拾遗记》中共出现了五十多种动物。对这部分内容，历来就有不同的看法，因为这些名称，今天看来是稀奇古怪的，对动物形态的描述也难以置信，如"双睛在目，状如鸡，鸣似凤"的重明之鸟；"形如鹤，止不向明，巢常对北，多肉少毛，声音百变，闻钟磬笙竽之声，则奋翅摇头"的背明之鸟，"形似豹，饮金泉之液，食银石之髓……夜喷白气，其光如月，可照千里"的嗽金兽等。且其中有些动物的出现或消灭，往往会与阴阳灾异，祥瑞祸福联系在一起，如一鸣则天下太平的青鹳；"若天下太平，翔飞颉颃，以为嘉瑞"的沉鸣石鸡等。但若剔除其中荒诞的部分，就会看到我们熟知的动物，如猿、虎、豹、鱼、鸟、鸡、牛等。实际上，在科技发达的今天，随着人们对地球上生物的不断了解，《拾遗记》中对动植物的记述并不都是荒诞不经的，有些在当时看似奇异的生物，今天也可找到原型，如卷四所说的白头黑鸟，可能就是白头翁；卷九的"伤魂鸟"，或许就是现在的杜鹃。

《拾遗记》对远方异国，民俗风情的记载也有很多。全书涉及的国名有四十多个，其中有详细记载的也有三十多个。和《山海经》一样，其中有好多国家的人民形体怪异而引人注目。如"拳头尖鼻，衣云霞之布"的燃丘民；"善技巧变化，易形改服"的扶娄民；"人长十丈，编鸟兽之毛以蔽形"的宛渠民以及"人长四尺，两角如玺，牙处于唇"的泥离民等。有些异民的特性与习俗也颇为怪异，如善啸的因霄民；善飞而长寿的勃鞮民等。相比较而言，《拾遗记》对远方遐国的记述，虽仍不脱神仙怪异之事，但已完全改变了《山海经》荒幻无稽的特点，而多是西域诸国的传说化，对民情风俗的述写也并非纯然虚构，而有一些真情实事的景象。可以说，《拾遗记》对远国遐方的记述，更接近于《洞冥记》。

《拾遗记》还有对山水及物产的记载。除卷十专记八神山中的动植物产及地理方位之外，在前九卷中也屡有对山水及地理方位的记载。如卷三曰：

> 扶桑东五万里，有磅磄山。上有桃树百围，其花青黑，万岁一实。郁水在磅磄山东，其水小流，在大阪之下，所谓"沉流"，亦名"重泉"。生碧藕，长千常，七尺为常也。条阳山出神蓬，如蒿，长千丈。周初，国人献之，周以为宫柱，所谓"蒿宫"也。中有白橘，花色翠而实白，大如瓜，香闻数里。……岑华，山名也，在西海上，有象竹，截为管吹之，为群凤之鸣。晡泽出精铜，可为钟铎。员山，其形圆也，有大林，虽疾风震地，而林木不动，以其木为瑟，故曰"静瑟"。浮濒，即瀛洲也，上有青石，可为磬，磬者长一丈，轻若鸿毛，因轻而鸣。

这段记载对磅磄山的方位、山中的物产以及其周围的山水都有较为详细的记录，完全可与《山海经》中有关山的记载相媲美。除此之外，《拾遗记》中也记载了大量的物产，有铜、玉、锦、石、香等三十多种，所有这些都是珍贵的地理资料。

特别值得注意的一点是，王嘉在记录历史人物的史事时，有时也将有关的地理博物内容穿插其中，如卷九"石季伦爱婢翔风"条，在写翔风时，就大谈特谈其善谈玉识玉的本领，于不经意中，地理博物学问已见其中，《拾遗记》像这类记述还有很多，这里不再一一列举。另外，书中的一些想象之物，如挂星槎、曳影之剑、轮波舟以及能自动转动的玉人，与现代的宇宙飞船、导弹、潜水艇、机器人是何等相似！所有这些都说明，《拾遗记》在内容记述上有鲜明的特点：在有着浓郁的道教色彩外衣下，向世人讲述着广博的知识，想象丰富又切合实际。难怪有人也把《拾遗记》称为反映着道教思想的地理博物体志怪。

二　地理博物体的结构

《拾遗记》前九卷在结构上较为"博""杂"。从宏观上来看，此书前九卷以时间为顺序，历述上自庖牺，下迄后赵石虎十五朝的逸闻异事；从微观上来看，就某一卷而言，书中所记故事情节、事物名称，甚至篇章结构都与郭宪《洞冥记》非常相似，故刘知几《史通·杂史》将两书并提，云"如郭子横之《洞冥》、王子年之《拾遗》，全构虚辞，用惊愚俗"。《四库全书总目提要》卷一百四十二亦称："嘉书盖仿郭宪《洞冥记》而作。"然而，《拾遗记》与《洞冥记》二书虽然在内在结构与内容上都颇为相似，但却与前代的地理博物体志怪《山海经》《神异经》以及同时代的地理博物体志怪《博物志》的结构都有所不同。《山海经》《神异经》等书的结构都是以地理方位为基本框架的，《博物志》全书共十卷，每一卷集中记述一类事件，但正如崔世节《博物志·跋》所说："天地之高厚，日月之晦明，四方人物之不同，昆虫草木之淑妙者，无不备载。"可见，方位的转移仍是《博物志》的体系所本。而《洞冥记》与《拾遗记》在记述的过程中，结构却较为杂乱。对两书的结构，笔者以为可以作如是说：《洞冥记》在接受了神仙思想及两汉杂史杂传小说影响的同时，形式体例上开始了由地理博物类志怪向杂史杂传类志怪的过渡，但从总体上来说，此书围绕汉武帝组织情节，将大量的民间传说和地理博物传说附着在这一历史人物身上，因此，虽然显得很杂，但仍以地理博物类志怪为主。《拾遗记》则与《洞冥记》稍有不同，主要表现在：《拾遗记》在接受神仙思想和杂史杂传影响的同时，也注重对地理博物传说的记述，因此，学术界有把《拾遗记》定为杂史杂传类志怪的，也有定为反映道教思想的地理博物类志怪的。如果说，《洞冥记》等志怪小说开始了由地理博物类志怪向杂史杂传类志怪的演变的话，那么，《拾遗记》则可以说是地理博物类志怪与杂史杂传类志怪的集合体。现以《博物志》全书与《洞冥记》第二卷和《拾遗记》第六卷作一比较，看前者与后者在结构上有何不同，笔者之所以选两书的第二卷和第六卷，是因为这两卷最为典型地体现了地理博物体的特点。现列表如下：

《博物志》	《洞冥记》第二卷	《拾遗记》第六卷
地、山水、山水总论、五方人民 第一卷	瑶琨，去玉门九万里……甜水去虞渊八十里，有甜溪，水味如蜜。……	背明国在扶桑之东，见日出于西方。
外国、异人、异俗、异产 第二卷	郅支国（马肝石 国人长四尺）吠勒国（泣珠 人长七尺，被发至踵）大秦国（龙钟石）修弥国 勒毕国（丹露 人长三寸，有翼）西那汗国（声风木）支提国（人长三丈二寸，三手二足，各三指，多力善走）……	背明国（浃日稻、翻形稻等，摇枝粟、凤冠粟等，绕明豆、倾离豆等，延精麦等，云冰麻等，宵明草等），郅族（孝感乡），含途国，条支国，流香渠……
异兽、异鸟、异虫、异鱼、异草木 第三卷	青鸟，白燕，明犀，花蹄牛，驳骡，细鸟，吉云草，声风木，紫燕梨，玉叶李等。	分枝荷，连理树，白蛟，鶐鹊，望舒荷，能言语之鸟兽，穿隆瓜。
物性、物理、物类、药物、食忌、药术、戏术 第四卷	（马肝石）酷烈，不和丹砂，不可近发。（琨瑶碧酒）饮一合，三旬不醒。丹露者，日初出有露汁如珠也。	（分枝荷）食之令人口气常香，益脉理病。有延精麦，延寿益气；有昆和麦，调畅六府。……

续表

《博物志》	《洞冥记》第二卷	《拾遗记》第六卷
方士、服食、辨方士 第五卷	李充，自言三百岁；孟岐，年可七百岁，恒切桂叶食之；郭琼，昼眠，眼不闭，行地无迹；黄安，常服朱砂，举体皆轻，东方朔。	……名"紫菱"，食之不老；有通明麻，食之延寿，后天而老。……
人名考、文籍考、地理考、典礼考、乐考、服饰考、器名考、物名考 第六卷	凡五官尝露：董谒、李充、孟岐、郭琼、黄安；大秦国贡花蹄牛，其色驳，高六尺，尾环绕其身，脚端有肉，踢如莲花，多力；勒毕国贡细鸟，形如大蝇，状似鹦鹉。	……钓得白蛟，长三丈，若大蛇，无鳞甲。郭况，光武皇后之弟也。曹曾，鲁人也。本名平，慕曾参之行，改名为曾。何休，……作《左氏膏肓》《公羊废疾》《谷梁墨守》，谓之"三阙"。……
异闻 第七卷	东方朔游吉云之地，得神马一匹，高九尺。…… 帝好微行，与长安城西，夜见一蟏游于路。	"刘向"条，"献帝伏皇后"条等。
史补 第八卷	汉武帝好神仙长生之术。东方朔以博闻强识著称，另有李充、孟岐、黄安等都实有其人。与史符。	《楚辞》所谓"折芰荷以为衣"，意在斯也；此外，曹曾、任末、何休、贾逵、刘向、郭况及昭帝、宣帝等，另有几位皇后也皆与史符。
杂说 第九卷、第十卷	……服其（细鸟）皮者，多为丈夫所媚。另外，黄安条也是。……	《淮南子》云"鹊知人喜"等。

　　通过对《博物志》全书与《洞冥记》第二卷和《拾遗记》第六卷的比较，可以看到，《洞冥记》《拾遗记》两书分别在一卷之内，几乎涉及了《博物志》十卷的内容。因此，如果说《博物志》在整饬的外在结构下显示了"博""杂"的内容，那么，《洞冥记》和《拾遗记》则是在看似杂乱的结构中显示出了"博""杂"的内容，与《博物志》实有异曲同工之妙，这实际上也显示了地理博物体志怪与杂史杂传体志怪由体例结构各异到逐渐走向融合的过程。

　　相比较而言，《拾遗记》第十卷则是较为典型的地理博物体结构，此卷以方位的转移为依托，历述昆仑、蓬莱、方丈、瀛洲、员峤、岱舆、昆吾、洞庭八座仙山，以及山中奇景异物及有关神话传说，与前九卷相比，结构迥然不同，属于典型的地理博物体结构，与《山海经》《神异经》《十洲记》等地理博物体志怪的结构一脉相承。难怪历代的著录家，多把第十卷分出来单独著录为《拾遗名山记》《名山说》或《名山记》。

由此可见，《拾遗记》在记录历史逸闻轶事、神话故事的同时，也有大量对动植物产、远国异民以及山川地理的记载，其内容较为接近地理博物体志怪小说《洞冥记》，两书在结构上也极为相似。"《拾遗记》远绍《山海经》《神异经》《十洲记》，近接《博物志》《洞冥记》，记载了大量的神话传说和民间故事，……它的内容兼具博物与志怪的特点，它的文笔混合宗教的炫奇与文学的饰美。"① 在某种程度上，王嘉的《拾遗记》也完全可以和张华的《博物志》归入同类。② 因此，把《拾遗记》列入反映道教思想的地理博物体志怪小说是有道理的。

通过对《拾遗记》文体特征的探究，可以看到，王嘉擅长将"杂史杂传体"的叙事与"地理博物体"的描写相结合，并用以丰富多彩的辞藻，绚烂夺目。如果说《拾遗记》的地理博物体性质重在其所表现的地理博物的内在内容的话，那么，《拾遗记》杂史杂传的性质则重在其所表现的史的外在形式。《拾遗记》确实是"兼综地理博物和杂史杂传两派的一部作品"③。

---

① 邵宁宁、王晶波：《说苑奇葩》，甘肃教育出版社 1999 年版，第 59 页。
② 参见蔡铁鹰《中国古代小说的演变与形态》，中国文史出版社 2003 年版，第 49 页。
③ （晋）王嘉撰，（梁）萧绮录，齐治平校注：《拾遗记·前言》，第 1 页。

第三章 《拾遗记》专题研究

第一节 《拾遗记》女性命运的文化透视

文学是人学，任何优秀的文学作品，首先应该表现好的是人，魏晋南北朝的志怪小说也不例外。不同之处在于，这一时期的志怪小说或直接写鬼怪、神仙之事，或借历史人物敷衍故事。然而，作者虽然写的是仙境、冥界和一些荒诞的历史故事，取材则出自人世。后人在读小说时，虽然看到的是对天上地下的描写，想到的却也是人世。由此可见，这些鬼怪、神仙的形象实际上也是现实社会中人的形象。《拾遗记》作为魏晋志怪小说后期的代表作品，它以史的体例，历写自三皇五帝迄后赵石虎共计十五朝之事，涉及许多的历史人物，俨然一部杂史。与《搜神记》等以大量记录鬼神怪异为内容的志怪小说相比，《拾遗记》以大量的历史人物作为述写对象的同时，虽然也不乏神奇怪异，但却更接近现实，更富有人情味，少了许多不食人间烟火的味道。本节即以《拾遗记》中的女性为讨论的对象，通过逐一分析王嘉对不同女性形象群的描写，进而探讨隐藏在现象背后的深刻的社会根源。

一

《拾遗记》中，最引人注目的是那些被统治者先宠后弃的女性形象，翔风、赵飞燕、吴主赵夫人、潘夫人等即是其中的代表。翔风是东晋时期石崇的小妾，在被宠爱了将近二十年之后，"及翔风年三十，妙龄者争嫉之，或者云'胡女不可为群'"，"石崇受谗润之言，即退翔风为房老，使主群少"①。赵飞燕、吴主赵夫人、潘夫人等也有着同样悲苦的命运。可以看到，她们大都是封建帝王的嫔妃或者豪门望族的小妾。这些嫔妃、小妾悲苦命运的背后，实际上反映了魏晋南北朝时期上层社会普遍的"广置妾"的陋习。在这一时期，社会各阶层的纳妾现象非常普遍，覆盖面广，数量不等，多者竟达万人。史载公元273年，晋武帝曾选中级以上文武官员家的处女入宫，次年又选下级文武官员和普通士族家庭处女五千人入宫，灭吴后，又选吴宫女五千人，总计晋宫中有女子一万人以上。又，据《晋书》本传载，后赵石季龙"大发百姓女二十以下十三以上三万余人，为三等之第以分配之"。苻洪在当时即批评石季龙"夺人妻女，十万盈宫"。皇帝提倡荒淫，士族自然从风而靡。由于石季龙本人后宫佳丽数以万计，于是"郡县耍媚其旨，务于美淑，夺人妇者九千余人"。东晋王敦"荒恣于色，体为之弊，左右谏之"，"乃开后门，驱诸婢妾数十人并放之"②。南朝宋南郡王刘义宣，"多畜嫔媵，后房千余，尼媪数百，男女三十人"③，北周将领李迁哲，"妾媵至有百数"，以致所子女六十九人，"子孙参见，忘其年名者，披簿以审之"④。就连律己颇严的陶侃，也有"媵妾数十"。北魏的元孝友更是力求将这种一夫一妻多妾制的淫佚世风合理化，他曾上书东魏孝静帝说："……古诸侯娶九女，士有一妻二妾。《晋令》：诸王置妾八人，郡公、侯妾六人。官品令：第一、第二品有四妾，第三、第四有三妾，第六有二妾，第七、第八有一妾。所以阴教聿修，继嗣有广。……请以王公第一品娶八，通妻以备九女；称事二品备七；三品、四品备五；五品、六品则一妻二妾。限以一周，悉令充数，若不充数及待妾非礼，使妻妒加捶挞，免所居官。"⑤

魏晋南北朝时期上层社会普遍的"广置妾"陋习还具有更加深刻

① （晋）王嘉撰，（梁）萧绮录，齐治平校注：《拾遗记》卷九。

② 徐震堮撰：《世说新语校笺》，中华书局1984年版，第326页。

③ 沈约撰：《宋书》，中华书局1974年版，第1799页。

④ 令狐德棻等撰：《周书》，中华书局1971年版，第793页。

⑤ 魏收撰：《魏书》，中华书局1974年版，第423页。

的宗教背景。众所周知，道教历来以得道成仙作为道徒追求的目标，为了达到这一终极目标，道教徒创造了许多修炼之法，诸如炼丹、服食、房中术等。其中房中术历来被看成是得道成仙的一个重要的途径而备受道教徒的青睐。葛洪是早期道门中人对房中术谈论最多的一个，他的《神仙传》卷一"彭祖"条中，彭祖即对采女说："身不知交接之道，纵服药无益也。"其《抱朴子内篇》一书共二十卷，而涉及房中术的就有八卷。在《微旨》篇中，他说："人不可以阴阳不交，坐致疾患。"又说："凡服药千种，三牲之养，而不知房中之术，亦无所益也。"在《释滞》《极言》《杂应》《辨问》《至理》等篇中，葛洪也一再强调阴阳之交的必要性。此外，南北朝时期的著名道士陶弘景也宣扬男女合气术的益处。在这里，房中术被看成是长生成仙的一个重要的"砝码"。房中术是否有这样奇特的功效无人知晓，但从古文献的记载来看，它是道教徒迎合王公贵族寻欢作乐而提出的却一点不假。为了迎合统治者，为他们广置姬妾提供合理的借口，道教徒大肆宣扬这一修炼之术，并把这一修炼之法称作"御女术"。而且在道教徒看来，为了企求补益男方，修炼之人更应该"广御众女"以"采阴补阳"。"葛洪《神仙传》记载彭祖向采女传授房中术时特意让彭祖叙说'丧四十九妻'的旧事……陶弘景甚至还宣称：能御十二女，令人老有美色；能御九十二女，年万岁"①。所有这些实际上都是向世人宣扬一夫多妻制度的合法性，也为统治者置办三宫六院找到了合理的借口，而后宫成千上万的女性则成了他们寻欢作乐的牺牲品。

二

　　统治者的皇宫后院妻妾成群，为保证自己在婚姻中的地位，必然会造成妻妾之间的争风吃醋，而且统治者喜新厌旧的丑恶本性，也使得他们不可能对任何一个姬妾宠爱一生，因此被宠就必然会被弃，后宫几千乃至上万的佳丽，他们的身心所遭受的摧残和损害可想而知！

---

①　詹石窗撰：《道教文化十五讲》，北京大学出版社 2003 年版，第 259 页。

当先宠而后被弃的女性独守空房之时，内心便会充满无尽的失落与痛苦。《拾遗记》中很多女性的悲惨遭遇即是明证。汉成帝宠妃赵飞燕被疏后，回想昔日受宠时的情景，不由得发出"妾微贱，何复得预缨裙之游"①的感慨。石崇爱婢翔风在经过长时间的专宠被黜退之后，更是作五言诗来抒发满腹的愁怨："春华谁不美，卒伤秋落时，突烟还自低，鄙退岂所期！桂芳徒自蠹，失爱在娥眉。坐见芳时歇，憔悴空自嗤！"②从"桂芳徒自蠹，失爱在娥眉"可见，翔风并没有认识到自己被弃的真正原因是罪恶的一夫一妻多妾制，而把自己独守空房的不满发泄到了另外一些与自己实为同病相怜的女子身上。

作为一个深受儒家思想熏陶的方士，王嘉没能认清封建社会造成妇女悲剧命运的深刻的社会根源。他认为翔风的失宠是由于"妙年者争嫉之，或者云'胡女不可为群'，竞相排毁"，从而使"石崇受谮润之言，即退翔风为房老，使主群少"③。同样，吴主赵夫人被黜退的原因是"后有贪宠求媚者，言夫人幻耀于人主，因而致黜退"④。潘夫人被退也是由于"渐相谮毁"。在王嘉看来，统治者提倡的婚姻制度没有错，错就错在后宫妻妾之间的"争宠"。

王嘉的这种思想观念在魏晋南北朝时期的封建士大夫中间是普遍存在的。梁朝的萧绮就站在儒家传统观念的立场上，把封建社会妇女"先宠后弃"的现象看成是一种如日月盈亏、草木枯荣等循环更替的亘古不变的社会规律，他在卷八"吴主赵夫人"条、"潘夫人"条下的"录"中说：

> 赵、潘二夫人，妍明伎艺，婉变通神，抑亦汉游洛妃之俦，荆巫云雨之类，而能避妖幸之孽，睹进退之机。夫盈则有亏，道有崇替，居盛必衰，理固明矣。语乎荣悴，譬诸草木，华落张

---

① （晋）王嘉撰，（梁）萧绮录，齐治平校注：《拾遗记》卷六。
② 同上书，卷九。
③ 同上书，卷九。
④ 同上书，卷八。

弛，势之必然。巧言萋斐，前王之所信惑，是以申、褒见列于前周，班、赵载详于往汉，异代同闻，可为叹也！

又卷九"翔风"条下的"录"中也说：

> 居室见妒，故亦奸巧之恒情，因娇涵嬖，而菲锦之辞入。至于惑听邪诌，岂能隔于求媚；凭欢藉幸，缘私媱而相容。是以先宠未退，盛衰之萌兆矣；一朝爱退，皎日之誓忽焉。清奏薄言，怨刺之辞乃作。

他热烈地赞扬这些女性的聪明仁惠，对她们最终被弃的命运哀叹惋惜，也对她们的生活处境深表同情。但同时他又认为，这是一种不可更改的社会规律，任何人也无能为力。萧绮没有看到，这一被他看作"亘古不变的社会规律"，实际上是封建统治者贪色的本性造成的。在"一夫一妻多妾"的婚姻制度下，翔风、赵飞燕、吴主赵夫人、潘夫人等，就是没有其他妻妾的谮毁，她们也会在年老色衰后被弃，东晋孝武帝就曾对其年三十岁的宠妃张贵人说："汝以年亦当废矣，吾意更属少者。"[1] 由此可见，所有这些宫妾嫔妃的不幸，根本原因在于封建社会男女地位的不平等，这是以男性为中心的封建社会中的普遍现象。

三

在《拾遗记》中，王嘉也写了许多坚守贞操、遵守妇道，对丈夫、家庭忠贞不贰的女性形象。贾逵之姊、韩瑶之妇、汉献帝伏皇后等就是这类女性形象的代表。贾逵之姊嫁到夫家，由于无嗣而被休回娘家。在当今医学发达的社会里，我们知道，造成夫妇二人无嗣的原因有可能在男方，但是封建社会却把这一罪过强加到女子身上，并给她们套上"贞明之妇"这样一个沉重的精神枷锁，要求她们即使被

---

[1] （宋）司马光：《资治通鉴》，中华书局 1956 年版，第 3432 页。

遣回娘家，也不得再嫁。

在王嘉看来，女子出嫁后，她自己整个人就归夫家所有。生是夫家人，死是夫家鬼，因此，就要不惜牺牲一切来保护自己的丈夫和子女。汉献帝伏皇后就是这样一位"聪慧而又坚守妇道的女性"，《拾遗记》卷六曰：

> 汉献帝伏皇后，聪惠仁明，有闻于内则。及乘舆为李催所败，昼夜逃走，宫人奔窜，万无一生。至河，无舟楫，后乃负帝以济河，河流迅急，惟觉脚下如有乘践，则神物之助焉，兵戈逼岸，后乃以身拥遏于帝。帝伤趾，后以绣拭血，刮玉钗以覆于疮，应手则愈。以泪渍帝衣及面，洁静如浣。

王嘉对伏皇后吃尽苦头保护丈夫的行为给予了热情的颂扬。萧绮在"录"中更是赞扬伏皇后"丹石可磨，而不可夺其坚色；兰桂可折，而不可掩其贞芳。伏后履纯明之姿，怀忠亮之质，临危受命，壮夫未能加焉，知死不吝，冯媛之俦也。求之千古，亦所罕闻"。但是任何一个有思想有头脑的人冷静下来都会思考：是谁造成了这种狼狈不堪的局面呢？无疑是汉献帝本人。那么，汉献帝本人荒淫误国带来的灾难性后果，为什么要让一个弱女子来承受苦难呢？这段文字虽然被赋予了神异的色彩，但从字里行间可以窥见，在伏皇后聪慧果敢的背后，是一个无德无能，灵魂卑琐的皇帝，一个只知享受，一旦遇到困难就不知所措的傻子，两者形成了鲜明的对比。

然而，与王嘉笔下的贾逵之姊、韩瑶之妇、汉献帝之伏皇后等忠贞节烈的女性形象相比，这一时期，现实社会的女性并非全都如此。众所周知，虽然这一时期"是中国政治上最混乱、社会上最苦痛的时代，然而却是精神史上极自由，极解放，最富有智慧，最浓于热情的一个时代"[1]。也正是在这样一个"精神上大解放，人格上思想上大

---

[1] 宗白华：《美学散步》，上海人民出版社1981年版，第208页。

自由的时代"①，人的自觉意识空前觉醒，因而在重新获得自由的同时也放弃了太多的顾虑。就女性而言，虽然这一时期，上层社会普遍存在广置姬妾的陋习，很多女性仍然经受着先宠后弃的悲惨遭遇。但相对于两汉的女性，女性的社会地位还是有了很大的提高，《晋书·列女传》中虽仍不乏贞节之妇，但更多的却是一些才女和一些有勇有谋的妇女。她们行动自由，或驰骋沙场或游学做官。如"年十三，乃率勇士数十人，踰城突围夜出"的荀菘的小女灌；"壮勇善骑射"的苻坚妻毛氏等等，北朝民歌《木兰诗》描述了一位替父从军的女子木兰，也是这方面的反映。此外，聪识有才辩的王凝之妻谢氏；聪辩能著文的刘臻妻陈氏；为使家学《周官》传业相继而家立讲堂传授后生的韦逞母宋氏；被任"用为官中职僚"的颇有文辞擅长作赋的刘宋吴郡妇人韩兰英；"历览书传，亲授其子景伯、景先《毛诗》《曲礼》经义"，并成为当时名士的北魏清河崔元孙之女等等，则是这一时期才女的典型代表。据《隋书·经籍志》记载，两晋妇女有文集者计 12 人，共 40 卷，十六国前秦妇女有文集者 1 人，共 1 卷，南朝妇女有文集者计 7 人，共 39 卷，1 人注书 7 卷。由此可见，在魏晋南北朝时期，由于玄学的兴起以及道、佛等各家思想的逐渐兴盛，在一定程度上，儒家男尊女卑的观念逐渐被打破，妇女在家庭和社会的地位得以提高，从而有了掌握文化的机会，她们不但学习儒家的礼仪道德，更多的是接受儒家礼仪之外的东西，她们和男性一样，成了这一时期名副其实的"半边天"。北齐颜之推在描述北齐国都邺城一带妇女的社会地位时就说："邺下风俗，专以妇持门户，争讼曲直，造请逢迎，车乘填街衢，绮罗盈府寺，代子求官，为父诉屈，此乃恒、代之遗风乎？"②

伴随着女性社会地位的提高，离婚、一女二嫁，在当时也是普遍现象。东晋才女严宪，初为魏杜有道之妻，后有道死，改嫁为傅玄继妻；凉武昭王李玄盛的皇后尹氏也是初适扶正马元正，后改嫁玄盛

---

① 宗白华：《美学散步》，上海人民出版社 1981 年版，第 208 页。
② 庄辉明、章义和：《颜氏家训译注》，上海古籍出版社 1999 年版，第 40 页。

的。《世说新语》中这方面的例子很多，举两例如下：

> 庾亮儿遭苏峻难遇害。诸葛道明女为庾儿妇，既寡，将改适，与亮书及之。亮答曰："贤女尚少，故其宜也，感念之儿，若在初没。"（《伤逝篇》）
>
> 王子敬病笃，道家上章，应首过，问子敬："由来有何异同得失？"子敬云："不觉有余事，唯忆与郗家离婚。"（《德行篇》）

所有这些都说明，这一时期女性的社会地位较之前代确实有了很大的提高。那么，王嘉为何要在《拾遗记》中描述一大批忠贞节烈的女性形象呢？笔者以为，这一方面可能反映了儒家思想对王嘉的影响，另一方面或许与王嘉本人道士的身份有关，如前所述，道教"房中术"大肆宣扬"广御众女"，而儒家"三从四德"的思想观念也就成了道教徒大肆宣扬的理论依据，他们描述并高度的赞扬一大批忠贞节烈的女性形象，最终目的就是为了从精神上约束广大的女性，使她们安心地为自己服务。王嘉如此高度赞扬这类女性，这也许是主要的原因。

四

为表现女子对丈夫的忠贞，《拾遗记》中甚至写到了以美女殉葬的恶习。在卷九的"翔风"条中，石崇即对爱婢翔风说："吾百年之后，当指白日，以汝为葬。"翔风则回答："生爱死离，不如无爱。妾得为殉，身其何休？"在这里，作为爱的最高表现形式是陪殉，这反映了封建社会妇女，特别是美貌女子的悲惨命运，印证了"自古红颜多薄命"之说，揭露了封建社会对美貌女子身心及肉体的摧残。以美女殉葬的恶习，肇始于原始社会，盛行于奴隶社会，并一直延续到封建社会。在我国奴隶社会的鼎盛期商代，人殉的恶习可谓登峰造极，上至帝王，下至中小贵族，死后一般都要以活人殉葬，少者一人，多者可达数百人。秦代以后，大规模的殉葬已不复存在，但人殉的现象并未绝迹。魏晋南北朝时期，一些王公大臣每每以自己的爱妃或侍婢殉葬。三国时期，东吴大将陈武战死，孙权"命其爱妾殉葬"①；东晋史学家干宝之父有一侍婢，颇受宠幸，宝母大为妒忌，"乃父亡，母乃生推婢于墓中"②。据《晋书·慕容熙载记》记载："慕容隆妻张氏，熙之嫂也，美姿容，有巧思。熙将以为苻氏之殉，欲以罪杀之，乃毁其褴靴，中有敝毡，遂赐死。……其右仆射韦璆等并惧为殉，沐浴而待死焉。"王嘉在《拾遗记》中写到了以美女殉葬的恶习，实际上也影射出东晋十六国时期这一普遍存在的社会现象。

因为宣传神仙道教思想的需要，王嘉没有明说"女人是祸水"，且把这些红颜的最终归宿神异化，但从他近似客观的述写中，仍然可以看出他思想中明显的女子误国的观念。《拾遗记》卷三曰：

> 越谋灭吴，蓄天下奇宝、美人、异味进于吴，杀三牲以祈天地，杀龙蛇以祠川岳。矫以江南亿万户民，输吴为佣保。越又有美女二人，一名夷光，二名修明，以贡于吴。吴处以椒华之房，贯细珠为帘幌，朝下以蔽景，夕卷以待月。二人当轩并坐，理镜靓妆于珠幌之内。窃窥者莫不动心惊魄，谓之神人。吴王妖惑忘政。及越兵入国，乃抱二女以逃吴苑。越兵乱入，见二女在树下，皆言神女，望而不敢侵。

除此之外，被王嘉看作是导致帝王误国的女性还有延娟、延娱等。

然而，把国家灭亡的责任推到这些弱女子身上是多么不公平！她们同样是封建社会的牺牲品。她们美丽绝伦，她们的溺水而死，表现了人民对良家女子的悲剧及美的毁灭的惋惜与伤悼。如果不是统治者贪图美色，疏于国政，又怎能让别国有可乘之机呢？北宋王安石在他

---

① （晋）陈寿：《三国志·陈武传》"权哀之，自临其葬"下裴松之注引《江表传》，中华书局1959年版，第1289页。

② （唐）房玄龄等撰：《晋书》，第2150页。

的《宰嚭》一诗中说："谋臣本自系安危，贱妾何能作祸胎？但愿君王诛宰嚭，不愁宫里有西施。"鲁迅先生也认为："我一向不相信昭君出塞会安汉，木兰从军就可以保隋；也不信妲己亡殷，西施亡吴，杨贵妃乱唐的那些古老话。我以为在男权社会里，女人是绝不会有这种大力量的，兴亡的责任，都应该男的负。但向来的男性的作者，大抵将败亡的大罪，推在女性身上。"① 可以看到，开明的文人、政治家对所谓"女人祸国"的观念还是有着公允的评价的。

当然，在《拾遗记》中也有一些统治者寄予了真爱的女性。卷一皇娥与白帝之子之间真挚热烈的爱情自不必说，那是后人所向往的，是一个美丽的神话。除此之外，卷五汉武帝对亡去的爱妃李夫人无尽的思念，汉明帝对阴贵人的宠爱，以及卷九魏文帝迎娶薛灵芸的盛况等等，都可归入统治者给予了真爱的女性之列。然而，从文中的记述可见，封建帝王对妃子的宠爱无不建立在劳民伤财的基础之上。汉武帝为一睹李夫人的芳容，竟听信李少君之言，派"楼船白艘，巨力千人"，"经十年而还"②。耗费大量的人力物力。且使"昔之去人，或升云不归，或托形假死，获反者四五人"③。这几句话，显然是作为道教徒的王嘉对道教神仙思想的大肆宣传，在今天看来，只不过是一个善意的谎言：哪里有什么成仙不归之人，去时千人，还者四五人，实际上是说绝大多数人都葬身海底，一去不归了。再看，汉明帝因所宠阴贵人的一个食瓜的美梦，便"使求诸方国"④；魏文帝迎娶薛灵芸的盛况更是前所未有：

> 帝以文车十乘迎之，车皆镂金为轮辋，丹画其毂，辄前有杂宝为龙凤，衔百子铃，锵锵和鸣，响于林野。驾青色骓蹄之牛。日行三百里。此牛尸屠国所献，足如马蹄也。道侧烧石叶之香，

---

① 鲁迅：《鲁迅全集》（卷六），人民文学出版社1973年版，第203页。
② （晋）王嘉撰，（梁）萧绮录，齐治平校注：《拾遗记》卷五。
③ 同上书，卷五。
④ 同上书，卷六。

此石重叠，状如云母，其光气辟恶厉之疾。此香腹题国所进也。灵芸未至京师数十里，膏烛之光，相续不灭，车徒咽路，尘起蔽于星月，时人谓为"尘宵"。又筑土为台，基高三十丈，列烛于台下，名曰"烛台"，远望如列星之坠地。又于大道之傍，一里一铜表，高五丈，以志里数。故行者歌曰："青槐夹道多尘埃，龙楼凤阙望崔嵬。清风细雨杂香来，土上出金火照台。"①

所有这些都说明，封建帝王对女性的宠爱，是建立在劳民伤财的基础之上的，而这些无辜的女性，也因此承受了千古的骂名。

《拾遗记》中还写到了一些心灵手巧的女性，如妙于针工的"针神"薛灵芸；号称"三绝"的吴主赵夫人等。然而，应该看到，从总体上来说，王嘉仍是一个道教的方士，他写女性虽然也表达了他思想中或进步或局限的方面，也揭示了一些现象背后的深刻的社会根源。但归根到底，其最终目的还是为了宣扬神仙道教学说。因此王嘉笔下的女性，不论是先宠后弃的一类，忠贞聪慧的一类，还是心灵手巧的一类，"她们全都是超逸绝尘的仙子，是红尘浮世的奇迹。那些贪婪荒淫的君主，和她们相比，只不过是一些蠢蠢碌碌、薄情寡义的浊物而已"②。

第二节　《拾遗记》神话研究

与西方宏大完整的神话体系不同，中国虽然也曾产生伟大美丽的神话，但现在所能看到的，只是一些散见于古代典籍的零散记载，几乎没有一本完整记载中国神话的书。对于中国神话仅存零星的缘故，鲁迅《中国小说史略》推就其理由道：

中国神话之所以仅存零星者，说者谓有二故：一者华土之

---

① （晋）王嘉撰，（梁）萧绮录，齐治平校注：《拾遗记》卷七。
② 邵宁宁、王晶波：《说苑奇葩》，甘肃教育出版社 1999 年版，第 49 页。

民，先居黄河流域，颇乏天惠，其生也勤，故重实际而黜玄想，不更能集古传以成大文。二者孔子出，以修身齐家治国平天下等实用为教，不欲言鬼神，太古荒唐之说，俱为儒者所不道，故其后不特无所光大，而又有散亡。

然详案之，其故殆尤在神鬼之不别。天神地祇人鬼，古者虽若有辨，而人鬼亦得为神祇。人神淆杂，则原始信仰无蜕尽；原始信仰存则类于传说之言日出而不已，而旧有者于是僵死，新出者亦更无火焰也。①

在这些零散记载神话的古籍中，《山海经》一书记载的神话材料是最多的，另外还有《楚辞》《淮南子》等。《拾遗记》在内容上一个显著的特点也在于：在看似荒诞无稽的叙事中记载了大量的神话。

《拾遗记》中的神话，近几十年来，引起了学术界广泛的关注。李剑国先生认为，《拾遗记》所记的事，"大都是人所熟知的图纬方伎家的伪神话以及种种符命祥瑞之说"②。萧兵的《古代小说与神话》则说："例如题为《王子年拾遗记》的一部怪书，据说是晋代'方士'王嘉创作的，它包括大量的仙说，但是却有许多极其珍贵的神话、史话穿上神仙、怪事的'丛林伪装服'在静静埋伏，学者给迷惑了一千多年。"③ 袁珂先生讲得更为透彻，他说："在汉魏六朝的志怪书中，晋王嘉著、萧绮录的《拾遗记》是别具一格的书。它把许多神话性质的东西，附托在从开辟以来'春皇庖牺'算起，到西晋末年为止的历史人物身上，也算它是历史；要用现代语言来说，那就该叫作'神话历史'。所以书名'拾遗'，就是拾历史之遗而补历史之阙的'拾遗补阙'的意思，则多半是神话。"④ 此外，刘叶秋、宁稼雨等也都认为神话是《拾遗记》的重要内容之一。在前人研究成

---

① 上海古籍出版社1998年版，第10页。

② 李剑国：《唐前志怪小说史》，南开大学出版社1984年版，第326页。

③ 萧兵：《古代小说与神话》，辽宁教育出版社1992年版，第64页。

④ 袁珂：《中国神话史》，上海文艺出版社1988年版，第194页。

果的基础上，笔者将以《拾遗记》中的神话作为研究的对象，追根溯源，来探讨其在中国神话史上的巨大贡献以及《拾遗记》中神话的宗教化和历史化。

一 《拾遗记》中的神话解读

（一）感生神话

茅盾说："神话之起源是在原始人的蒙昧思想与野蛮生活之混合的表现。"① 《拾遗记》中，最引人注意的就是圣人的出生神话，也叫作"感生神话"。如青虹绕神母而生庖牺，昌意遇黑龙负玄玉而生颛顼，简狄吞燕卵生商，帝喾之妃邹屠氏之女梦吞日而生八神等。这些神话的共同特点是女子感外物而孕，显然是"民知有其母而不知有父"的母系社会的产物，不过，在记述的过程中，为避免这种只知其母而不知其父的尴尬，王嘉又一一为他们找了父亲，如《拾遗记》中梦八日而生八神的邹屠氏之女乃帝喾之妃，昌意遇黑龙负玄玉而生的颛顼则是黄帝的孙子等即是。

《拾遗记》中这样记载庖牺的出生及相貌：

> 春皇者，庖牺之别号。所都之国，有华胥之洲。神母游其上，有青虹绕神母，久而方灭，即觉有娠，历十二年而生庖牺。长头修目，龟齿龙唇，眉有白毫，须垂委地。②

在"有青虹绕神母"一句下，齐治平先生注曰："《说郛》本作'青龙'，与各本不同，且与下'方灭'不应，非。"然而上古神话中，虽然有"虹"即"龙"的化身一说，但据学术界大多数人的共识，此处应为"青龙"，以《说郛》为是。齐治平先生认为"非"，很值得商榷。

---

① 玄珠（茅盾）：《人类学派神话起源的解释》，《文学周报》1928 年第六卷，第548 页。

② （晋）王嘉撰，（梁）萧绮录，齐治平校注：《拾遗记》卷一。

　　闻一多先生在《高唐神女之分析》一文中的《虹与美女》一节中说："虹这东西据汉以来一般的意见，正是有着一种象征的意义的。"① 他把虹的象征意义总结为以下几种：（1）有以虹为阴阳二气交接之象者；（2）有单说虹为阴性者；（3）以为虹是阴淫于阳的象征。闻一多先生说："以上所引全是汉人的论调，但他们必是根据在他们以前早已存在着的一种观念而加以理论化。"② "不但《高唐赋》所传的虹的化身是一位美人，而且在《诗经》中就已经屡次以虹比淫奔的女子，那很分别得显示着美人虹的传说，当时已经有了。"③ 可见，在古代，虹一般是"女性""阴"等的象征，很少代表男性。

　　在上古神话中，伏羲即太昊一族，被称为太阳神。《拾遗记》中也说："（春皇庖牺）明叡照于八区，是谓太昊，昊者，明也，位居东方，以含养蠢化，叶于木德，其音俯角，号曰'木皇'。"④ 可以看出，"位居东方"能"含养蠢化，叶于木德"的光明之神，只能是太阳神。皇甫谧《帝王世纪》有着同样的说法："太昊帝庖牺氏……继天而生，首德于木，为百王先。帝出于震，未有所因，故位在东方。主春，象日之明，是称太昊。"⑤ 何新《诸神的起源》一书，对"伏羲"二字进行考证，认为伏羲不是别人，正是在先秦古籍中那位赫赫有名的太阳神——羲和。他说："中国古代神话中的伏羲——太昊——高阳——帝俊——帝喾——黄帝，实际上都是同一个神即太阳神的变名。"⑥ "在北方的一系称太阳神为羲和（伏羲），以龙为太阳神的象征。这一系可能就是夏人的祖先"⑦。由此看来，有夏一族的图腾只能是龙，而不是虹。

　　从形貌上看，《拾遗记》卷一中的伏羲是"长头修目，龟齿龙

　　① 闻一多：《神话研究》，巴蜀书社 2002 年版，第 13 页。

　　② 同上书，第 14 页。

　　③ 同上书，第 15 页。

　　④ （晋）王嘉撰，（梁）萧绮录，齐治平校注：《拾遗记》卷一。

　　⑤ 皇甫谧：《帝王世纪》，王云五主编，丛书集成初编，商务印书馆中华民国二十五年六月版，第 2 页。

　　⑥ 何新：《诸神的起源》，生活·读书·新知三联书店 1986 年版，第 41 页。

　　⑦ 同上书，第 39—40 页。

唇，眉有白毫，鬓垂委地"。长的头，长而大的眼睛，龟的牙齿，龙的嘴唇已经近似龙形。如果说，此处的伏羲形貌还较为模糊的话，那么《拾遗记》卷二的记载则更为明确，此卷"夏禹"条曰："又见一神，蛇身人面，禹因与语……禹曰：'华胥生圣子是汝耶？'答曰：'华胥是九河神女，以生余也。'……蛇身之神，即羲皇也。"此外，皇甫谧《帝王世纪》也云："庖牺氏，女娲氏……蛇身人首。"《列子·黄帝篇》："庖牺氏，女娲氏……蛇身人首。"又《宝椟记》曰："帝女游华胥之洲，感蛇而孕，十二年生庖羲。"据闻一多先生考证，"龙的基调还是蛇，大概龙者，只是一种大蛇。这种蛇的名字便叫龙"①。邵宁宁、王晶波两位老师也认为："庖犧的母亲在华胥之洲遇到的是一条青色的长蛇。"② 可见，蛇是龙的重要的也是主要的集合对象。从形象上讲，蛇将自己悠长婉转的身躯、神秘多变的色彩贡献给了龙；从内涵上讲，蛇将蜕变更新、生生不已的"生命意识"贡献给了龙。龙实际上是一种人们想象的并不存在的生物，其原形仍是蛇。因此，根据古老的遗传学说，九河神女只有感青龙（实是青蛇）才能生出人首蛇身的伏羲，人与虹的后代绝不是人首蛇身，这在魏晋志怪小说中就有明证。《异苑》"虹化丈夫"一条，虹化成丈夫，与人妇所生之子，最后也是化虹而去，而没有变成别样的什么东西。

　　对于伏羲的龙形及感龙而生，先秦古籍及后代多有记载，如《左传·昭公十七年》说："太暤氏以龙纪，故为龙氏而龙名。"又《山海经·海内东经》："雷泽之中有雷神，龙身而人头，鼓其腹。"所以《太平御览》卷七八引《诗含神雾》也云："大迹出雷泽，华胥履之，生伏栖。"《孝经钩命诀》等典籍也将伏羲说成是雷神的儿子，是其母华胥氏踩踏了雷神在雷泽留下的"大迹"而孕生的。于是可以这样推理：雷电是龙的重要的取材对象之一，闪电为龙之形，雷声为龙之音，雷神就是龙神，雷神的儿子也就是龙神的儿子，龙神的儿子当然是龙。另外，前引《宝椟记》也云："帝女游华胥之洲，感蛇而

① 闻一多：《神话研究》，第74页。
② 《说苑奇葩》，甘肃教育出版社1999年版，第36页。

孕，十二年生庖羲。"更有甚者，同样是引述《拾遗记》中伏羲的感生神话，《厄林》所引，则与齐治平先生的校注本《拾遗记》完全不同，《厄林》卷二曰："《拾遗记》亦曰：华胥之洲，神母游其上，青蛇绕之，有娠，历十二年生庖羲。"这可能是版本不同所致，但是不管怎样，由以上的引述，都可以看出，伏羲是其母感青龙或青蛇而生。

简狄吞卵生商的神话，《拾遗记》卷二记述如下：

> 商之始也，有神女简狄，游于桑野，见黑鸟遗卵于地，有五色文，作"八百"字，简狄拾之，贮以玉筐，覆以朱绂。夜梦神母谓之曰："尔怀此卵，即生圣子，以继金德。"狄乃怀卵，一年而有娠，经十四月而生契。祚以八百，叶卵之文也。

这一感生神话因黑鸟（也即玄鸟）遗卵而生契，实际上是有商一族以鸟作为图腾的反映。关于鸟图腾的神话，《拾遗记》另有记载，卷一"虞舜"条记云："尧在位七十年，有祗支之国献重明之鸟，一名双睛，言双睛在目。状如鸡，鸣似凤，时解落毛羽，肉翮而飞。"关于这一段记载，袁珂先生认为，恐怕是舜神话的异文：重明鸟"双睛在目"，而舜目重瞳，自古相传，屡见于载籍。他通过举例论证，提出了三条理由："《太平御览》卷八一引《尸子》且说：'昔舜两眸子，是谓重明。''重明'二字全同，这是一。重明鸟'状如鸡，鸣似凤'，而舜也是玄鸟即凤鸟的化身。凤凰鸡属，故《法苑珠林》卷四九引《孝子传》说：'舜父夜卧，梦见一凤皇，自名为鸡。'实即舜，又与重明鸟的状貌相合，这是二。重明鸟尧时由祗支国献至，'能搏逐猛兽虎狼'，为民除害，备受人民欢迎；舜由四岳推荐与尧，替尧执掌国政，相传也曾'留四凶族，以御魑魅'，又行其他善政，因而也极受人民爱戴。行迹相合又是如此，这是三。"[1] 基于以上几

---

① 袁珂：《中国神话史》，上海文艺出版社1998年版，第198页。

点，袁珂先生认为，文中的重明鸟"当便是民间传说的舜"①。由上文袁珂先生的论述可知，舜是玄鸟，即凤鸟的化身，说明舜也是殷人的先祖。

《拾遗记》中关于图腾神话的记述，还有一个有趣的现象。《拾遗记》卷二记曰："孔子相鲁时，有神凤来游集，至哀公之末，不复来翔，故云：'凤鸟不至。'"闻一多说："凤是殷人的象征，孔子是殷人的后裔。呼孔子为凤，无异称他为殷人；龙是夏人的也是楚人的象征，说老子是龙，等于说他是楚人，或夏人的本家。"② 然而，再来看《拾遗记》卷三关于孔子的出生："周灵王立二十一年，孔子生于鲁襄公之世，夜有二苍龙自天而下，来附徵在之房，因梦而生夫子。"前面说孔子是殷人的后代，被称作"凤鸟"，但这里又说孔子是其母感龙而生。一会儿是龙，一会儿又是凤，这是什么原因呢？实际上，《拾遗记》卷三关于孔子出生的记述并不是神话，而是王嘉赋予孔子的神异之说。众所周知，汉高祖刘邦夺取天下以后，由一个平民一跃而成为一代天子，为了寻求合理的证据，巩固自己的地位，鼓吹自己是白帝之子、真龙天子下凡。自此以后，历代帝王都以真龙天子自喻。孔子历来有"素王"之称，因此，王嘉《拾遗记》卷三在记述孔子出生时，也把他看成是真龙下凡，也就有了"二苍龙自天而下，来附徵在之房"的神异之说。明白了这一点，就不难理解为什么王嘉一会儿称孔子为凤鸟，一会儿又说他是其母感龙而生。实际上，前者是神话，后者只是王嘉的附会之辞。《拾遗记》中其他的感生神话，实际上也是古先民图腾崇拜的反映，毋庸置疑，这些天人感应的神话，也表现了在生产力低下的时代，人类对自然力的恐惧和要征服自然的欲望。正如马克思所说："任何神话都是用想象和借想象以征服自然力，支配自然力，把自然力加以形象化，因而随着这些自然力实际上被支配，神话也就消失了。"③

---

① 袁珂：《中国神话史》，第199页。

② 闻一多：《神话研究》，第165页。

③ 《马克思恩格斯全集》第二卷，人民出版社1972年版，第113页。

（二）鲧禹治水神话

《拾遗记》中有关鲧禹治水的神话，历来也为研究神话的学者所关注，原因就在于："鲧自沉羽渊化为玄鱼乃古朴之神话，而又出异辞，自成一说。"① 鲧禹治水的神话，早在《山海经·海内经》中就有记载："洪水滔滔，鲧窃帝息壤以堙洪水，不待帝命，帝令祝融杀鲧于羽山，鲧腹生禹。帝乃命禹卒布土，以定九州。"此后鲧禹治水的神话大都承《山海经》而来，对于鲧的死，《天问》《左传·昭公七年》《史记·夏本纪》等都认为是因鲧触犯天条而被杀。而《拾遗记》则说：

> 尧命夏鲧治水，九载无绩。鲧自沉于羽渊，化为玄鱼，时扬须振鳞，横修波之上，见者谓为"河精"②。

两者相比之下，笔者认为《拾遗记》中关于鲧的神话更富人性，更具有人情味，而且少了许多奴隶社会的专制和残酷，也就更接近原生神话的本来面目。因为从尧来说，鲧辛苦九年，没有功劳也有苦劳，他怎么忍心置鲧于死地呢？从鲧来说，徒劳无功，觉得对不起尧；想去死吧，又不甘心，因此就化成了玄鱼，继续关注后人治水的结果，这里更多的是远古人民质朴的人情味。从后面的记述也可以看到，禹治水虽然取得了胜利，但他是在父亲等前代人治水的基础上，总结经验，变障水为疏导，而获得成功的。在王嘉看来，治水的成功，实在是鲧禹父子两代人共同努力的结果。《拾遗记》卷二"夏禹"条记："禹尽力沟洫，导川夷岳，黄龙曳尾于前，玄龟负青泥于后。玄龟，河精之使者也。"又同卷曰："至舜命禹疏川奠岳，济巨海则鼋鼍而为梁，踰翠岑则神龙而为驭，行遍日月之墟，惟不践羽山之地，皆圣德所感也。"从《拾遗记》卷二的记述看，"黄龙""河精""玄鱼"都指鲧，羽山之地又是鲧化为鲧鱼之处。所有这些，虽

---

① 李剑国：《唐前志怪小说史》，南开大学出版社 1984 年版，第 326 页。

② （晋）王嘉撰，（梁）萧绮录，齐治平校注：《拾遗记》卷二。

然被赋予了浓郁的道教色彩，但也明显地看出，禹治水能取得成功，与他父亲前期所做的工作是分不开的。

　　鲧沉羽渊所化之物，历来说法不一，有说是化为黄熊的①；有说是化为黄龙的②。袁珂先生的说法是很对的，因为从上古神话的体系来看，禹是夏代的开国之君，而有夏一族历来是以龙作为图腾的，那么，在夏人的心目中，他们的先祖鲧不是化为龙，还能是什么？实际上就《拾遗记》而言，鲧化为什么并不重要，重要的是他活下来的意义。袁珂先生说："他唯一存活着的意义，就是要亲眼看见他的儿子继续他的奋斗，去把人民从苦海中拔振起来。"③ 赵逵夫先生的《从〈天问〉看共工、鲧、禹治水及其对中华文明的贡献》一文，通过对《天问》中有关鲧禹治水神话的分析，也认为"屈原对鲧是肯定的，对鲧受刑法和贬损甚为不平"④。赵先生从《天问》中"鲧何所营？禹何所成？"两个问句出发，认为禹治水的成功，并非同鲧没有关系。实际上，"纂就前绪，遂考成功"两句就说明，"禹继续前已开始的工作，遂完成父亲未尽的功业"⑤。刘成淮先生也说："鲧无论是自沉羽渊的，或者是被上帝杀害的，身虽陨，心却未死。他终究不愧是人民的英雄之神，受挫之后仍然壮志犹存，念念不忘征服洪水。"⑥ "把禹安排成鲧的儿子，非常之妙。父与子，十分恰当地象征了前后两个历史阶段的人们。禹接替鲧，是后人继承前人事业的生动写照；禹将比鲧强，明显地揭示了后人将超过前人。"⑦ 由此可见，

---

　　① 《左传·昭公七年》："昔者尧殛鲧于羽山，其神化为黄熊，以入羽渊。"

　　② 袁珂：《中国古代神话》一书第 212 页说："有人说他是玄鱼，又说常见鲧鱼'扬鬐振鳞，横修波之上'，'与蛟龙跳跃而出'，那也应该是蛟龙一类的生物了。最后再来看《山海经》注引开筮说：'鲧死三岁不腐，剖之以吴刀，化为黄龙。'我们相信这种说法倒较为确当，因为天马化为龙是很自然的，古人早已有了类似的观念，何况他的儿子禹也是一条龙呢？"

　　③ 袁珂：《中国神话研究》，中华书局 1960 年版，第 213 页。

　　④ 《社会科学战线》2001 年第 1 期。

　　⑤ 同上。

　　⑥ 刘成淮：《中国上古神话》，上海文艺出版社 1988 年版，第 376 页。

　　⑦ 同上书，第 377 页。

大禹治水取得的成功，实在是两代人甚至是几代人不屈不挠，前赴后继共同努力的结果。至于《拾遗记》卷三"海民于羽山之中修立鲧庙，四时以致祭祀"一句，赵先生认为，由于东汉是道教正式创立的时期，所以从那时起，鲧就被道教徒定成了水神，称之为"玄武"。从鲧被定为水神一事来看，后代人民对鲧的拜祭，虽然一方面有着道教浓厚的神仙家思想在其中，但另一方面，人们定鲧为水神而不是别的什么神，也可看出人们对鲧禹的治水业绩的肯定。

另外，透过《拾遗记》中鲧禹治水神话的表层所赋予的神异色彩，也反映出了这样一个历史事实：大禹治水之所以成功，一方面是吸取了他父亲治水失败的经验教训，另一方面也得到了外力的帮助。《拾遗记》卷二记载：

> 禹凿龙关之山，亦谓之龙门。至一空岩，深数十里，幽暗不可复行。禹乃负火而进。有兽状如豕，衔夜明之珠，其光如烛。又有青犬，行吠于前。禹计可十里，迷于昼夜，既觉渐明，见向来豕犬变为人形，皆著玄衣。观一神，蛇身人面。禹因与语。神即示禹八卦之图，列于金版之上。又有八神侍侧。禹曰："华胥生圣子是汝耶？"答曰："华胥是九河神女，以生余也。"乃探玉简授禹，长一尺二寸，以合十二时之数，使量度天地。禹即执持此简，以定水土。蛇身之神，即羲皇也。

王嘉在这里将古代神话与奇伟的想象结合起来，小说显得扑朔迷离，炫人眼目，但在这扑朔迷离的背后，实际上表现出了大禹治水的艰辛，以及古先民为战胜自然，征服自然所做的不懈努力。

至于鲧因治水无功、偷天帝息壤违反天规而被天帝所杀，并最终被定为"四凶"之一这一说法，笔者认为很值得商榷。从屈原《九章·惜诵》中的"行婞直而不豫兮，鲧功用而不就心"以及《离骚》中的"鲧婞直以亡身，终然殀乎羽之野"等句可见，在屈原看来，鲧最终被杀，治水失败并不是真正的原因，导致鲧被杀的真正原因是他的刚直不阿，不屈不挠。持这一观点的除屈原外，还有很多，《国语·晋语》云："昔者鲧违帝命，殛之于羽山。"又《说苑·辨物篇》亦云："昔者鲧违帝命，殛之于羽山。"前引《山海经》中关于鲧被杀的原因，也是由于他的"不待帝命"。正是由于鲧敢于违抗帝命，所以在后代关于鲧的神话传说中，其中就有很多一再丑化鲧的形象。在今天看来，鲧的被杀，实际上是儒家对事实的歪曲，张晓红在《鲧——一个被诬蔑的治水英雄》① 一文中对此有详细的论述，她认为："鲧治水九年而终未获成功，其责任在尧，然尧与舜，业已被后人捧为圣人，为了为尊者讳、贤者讳，罪责只能归之于鲧，于是，便有了流传下来的鲧治水失败的种种传说。……这种'变白为黑'，通过污蔑对立、失败者而达到塑造圣王明君的办法，是统治者及其卫道者惯用的伎俩，'成者为王败者贼'，自古而然。"所有这些，实际上是人们对神话的历史化。因此，笔者以为，相比较而言，《拾遗记》中对鲧治水神话的描写则更接近原始神话的本来面目。

除此之外，《拾遗记》中还涉及了其他一些著名的神话传说，主要有西王母的神话，黄帝、炎帝的神话等，而这些神话都或被历史化，或被宗教化，少了许多原生神话的质朴与纯正。接下来笔者还将继续探究这些问题，故此不再赘述。

二 《拾遗记》中神话的宗教化与历史化

杨义先生说："中国神话有一个历史化和宗教化的过程，神话人物被逐渐纳入帝王家谱和宗教神谱。反映着神话被宗教化的过程，中国小说史上有一种神话过渡到'仙话'的现象。"② 《拾遗记》中神话的这种宗教化和历史化现象尤为显著。

(一) 西王母神话
《拾遗记》中多处写到了西王母的神话，卷三曰：

> 三十六年，王东巡大骑之谷……西王母乘翠凤之辇而来，前

---

① 《青海师专学报》2005 年第 5 期。
② 杨义：《中国古典小说史论》，中国社会科学出版社 2004 年版，第 18 页。

导以文虎、文豹，后列雕麟、紫麕。曳丹玉之履，敷璧蒲之席，黄莞之荐，共玉帐高会。荐 清澄琬琰之膏以为酒。又进洞渊红花，嵊州甜雪，岷流素莲，阴岐黑枣，万岁冰桃，千常碧藕，青花白橘。

又卷四云：

九年，昭王思诸神异。有谷将子，学道之人也，言于王曰："西王母将来游，心语虚无之术。"不逾一年，王母果至。与昭王游于燧林之下，说炎帝钻火之术。取绿桂之膏，燃以照夜。忽有飞蛾衔火，状如丹雀，来拂于桂膏之上。此蛾出于员丘之穴。……西王母与群仙游员丘之上，聚神蛾，以琼筐盛之，使玉童负筐，以游四极，来降燕庭，出此蛾以示昭王。王曰："今乞此蛾以合九转神丹！"王母弗与。

除此之外，卷十"方丈山"也云："山西有照台，去石十里，视人物之影如镜焉。……昭王舂此石为泥，泥通霞之台，与西王母常游居此台上。"可以看到，这里的西王母完全是一个掌握着长生不老之术的仙人。然而，最初神话中的西王母并非如此。实际上，西王母形象的演变经历了一个漫长的过程。

早在《山海经》中就有多处对西王母的描述：

玉山，是西王母之所居也。西王母其状如人，豹尾虎齿而善啸，蓬发戴胜，是司天之厉及五残。①

西王母梯几而戴胜。其南有三青鸟，为西王母取食。在昆仑虚北。②

---

① 袁珂：《山海经校注·西山经》，上海古籍出版社1980年版。
② 袁珂：《山海经校注·海内北经》。

有人戴胜，虎齿，豹尾，穴处，名曰西王母。①

最初的西王母显然是一个狰猛的野蛮人，说他以穴为居，大约是一个部族的酋长。而"是司天之厉及五残"一句，则明确了他的神职。可以看到，在《山海经》中，西王母的形象已经经历了一个由最初的野蛮人演变为一个神怪的过程。但这里的西王母，仍是一个保持着"原生神话"基本面貌的神话人物，照袁珂先生的话说，"他的性别是男是女都无从断定"②。

稍后于《山海经》的另一部先秦时代的重要古籍《穆天子传》也写到了西王母，但在这部以神话材料编写的具有神话性质的历史小说中，西王母被历史化了，她的形象已俨然是一位雍穆的人王了。从她的赋诗中"我惟帝女"一语看，她的女性的性别才确定下来。但这时西王母的形象还很少带有宗教的色彩在里面。秦汉以后，随着道教长生不死之术的广泛传播，秦皇汉武等封建帝王为永享人间的荣华富贵，开始寻求长生之术。于是，一些道教徒便把目光投向了西王母，想象她是掌握着长生不死之术的仙人。至此，西王母完成了由神到王再到仙的过渡，她被完全地宗教化了。她的形貌也逐渐地被美化，由《汉武故事》中相貌的与常人无异进一步演变成了《汉武帝内传》中一位乘着紫车，有玉女青鸟相伴，衣着华丽，容颜绝世的美人，她的仪仗、她的打扮，整个是一副帝王的派头。这时的西王母就完全变成了集历史化和宗教化于一身的人物。魏晋南北朝动荡不安的社会，使得世人更是热衷神仙之术，于是西王母的形象就进一步被宗教化，从她先前的穿着、仪仗，进一步发展到了她所食所用之物，无一不具有神异的色彩。王嘉作为一个神仙道教学派的大师，他对西王母的"仙化"更是不在话下。从前引王嘉对西王母仙术及所用之物的神异的描写就可以看出，《拾遗记》中对西王母的仙化可谓登峰造

---

① 袁珂：《山海经校注·大荒西经》。
② 袁珂：《中国古代神话》，中华书局1960年版，第195页。按：袁珂先生认为，胜虽然算是妇人的首饰，但在野蛮时代，男人也一样可以戴胜。

极。需要指出的是，《拾遗记》中的西王母神话，重在宗教化，历史化的色彩则相对淡薄。

（二）黄帝神话

《拾遗记》中另一个同时被宗教化历史化的神话人物是黄帝。卷一"轩辕黄帝"条云：

> 熏风至，真人集，乃厌世于昆台之上，留其冠、剑、佩、舄焉。昆台者，鼎湖之极峻处也，立馆于其下。帝乘云龙而游，殊乡绝域，至今望而祭焉。帝以神金铸器，皆铭题。及升遐后，群臣观其铭，皆上古之字，多磨灭缺落。……

在上古神话中，黄帝是天上的雷神，所举诸事，无不与雷有关，如《河图稽命征》曰："附宝见大电光绕北斗权星，照耀郊野，感而生黄帝轩辕于青邱。"《河图帝纪通》也曰："黄帝以雷精起。"又《春秋合诚图》曰："轩辕，主雷雨之神也。"然而，到汉代，黄帝的职司发生了变化，《淮南子·天文训》曰：

> 东方木也，其帝曰太暤，其佐句芒，执轨而治春……南方火也，其帝炎帝，其佐朱明（即祝融），执衡而治夏……中央土也，其帝黄帝，其佐后土，执绳而治四方……西方金也，其帝少昊，其佐蓐收，执矩而治秋……北方水也，其帝颛顼，其佐玄冥，执权而治冬。

黄帝遂为五天帝之中央天帝，黄帝神话的主要部分，当为黄、炎战争，其中与蚩尤之战尤为激烈。由天上的雷神，变为五帝之一，实际上就是一个神话被初步历史化的过程。到司马迁《史记·五帝本纪》，黄帝就成了传说中部族联盟的首领，一个有名有姓的人间帝王。在《拾遗记》中，他"考定历纪"，"变乘桴以造舟楫"，又"吹玉律，正璇衡。置四史以主图籍，使九行之士以统万国"。可以看出，王嘉对黄帝的记述完全承袭司马迁《史记》而来，他将黄帝完完全全地历史化为一个上古社会为民造福的人间帝王。所以，矛盾说："中国的神话之大部恐是被'秉公'的'太史公'消灭了去了。"①

在楼观道大师王嘉的眼里，只有有"德"的封建帝王才有机会成仙，如前所述，黄帝就是这样一位为民造福的上古贤圣。于是他让"真人"集于昆台之上，帮助黄帝升遐。在这里"黄帝虽然已非那个历史上曾经真实存在过的部落首领，甚至也不像是远古传说中半人半神的英雄，从那一副逍遥的样子看，他更像是道教理想中的仙人"②。《拾遗记》中王嘉对黄帝的描写，很明显，完成了一个历史化而后宗教化的过程。

实际上，《拾遗记》中原生神话宗教化历史化的例子还有很多，如卷一除黄帝神话外，炎帝神农、少昊、颛顼、高辛、唐尧、虞舜等的神话，也都有明显的或宗教化或历史化的倾向，在此，将不再一一列举。但总体而言，宗教化的倾向更为明显，这是王嘉作为一个道教方士的身份所决定的。

综观《拾遗记》对神话故事的描述，其中也有一些表现上古先民质朴的、有人情味的神话，但王嘉作为一个神仙道教团体的领袖，他写神话故事，虽然有表现神话原生性以反映上古现实生活的一面，但说到底还是为了宣传神仙道教思想。"《拾遗记》中的三皇五帝时代故事，大体可以看作是王嘉对民间佚史的撷拾，但中间肯定加入了他的理解和发挥。"③ 认识到了这一点，就不难理解为什么《拾遗记》中的许多神话故事被赋予神秘的传奇色彩而让人捉摸不透。实际上，王嘉是把神话故事作为宣扬神仙道教思想的凭借，企图通过对神话人物、历史人物的述写，增大神仙思想的可信度，从而让道教思想得到更加广泛的传播。

---

① 茅盾：《中国神话研究初探》，上海古籍出版社 2005 年版，第 21 页。
② 邵宁宁、王晶波：《说苑奇葩》，甘肃教育出版社 1999 年版，第 37 页。
③ 同上书，第 35 页。

第三节 《拾遗记》的语言特色

《拾遗记》系东晋十六国时期前秦道士王嘉所作，该书不仅内容丰富，而且具有非常独特的语言特色。《拾遗记》文辞艳丽，铺陈夸饰，具有鲜明的赋体特征；同时，王嘉在《拾遗记》中还穿插了大量的诗歌、谣、谚，诗文融合，是这一时期志怪小说一个独特的存在。有鉴于此，笔者将从鲜明的赋体特征、诗文融合以及语言的形象化等几个具体方面谈一谈《拾遗记》独特的语言艺术。

一 鲜明的赋体特征

刘勰《文心雕龙·诠赋》说："赋者，铺也，铺采摛文，体物写志也。"又说："丽词雅义，符采相胜，如组织之品朱紫，画绘之著玄黄，文虽杂而有实，色虽糅而有仪，此立赋之大体也。"在刘勰看来，赋体的鲜明特征就是以虚构的情节、华丽的文辞铺排渲染，体物写志，而王嘉《拾遗记》自梁代始，就因文辞的华丽夸饰备受关注。早在梁代，萧绮就说《拾遗记》"文存靡丽"①。萧绮之后，胡应麟、顾春、周中孚、谭献等也都认为《拾遗记》"辞藻灿然"②"辞条丰蔚，颇有资于词章"③。《拾遗记》的华丽藻饰，主要表现在行文中多处运用排比和夸张极尽铺陈渲染之能事。如卷三对宋景公之世善星文者神异之术的铺陈即是如此：

> 宋景公之世，有善星文者，许以上大夫之位，处于层楼延阁之上，以望气象。设以珍食，施以宝衣。其食则有渠沧之鼋，煎以桂髓；丛庭之鹨，蒸以蜜沫；淇漳之鳢，脯以青茄；九江珠稻，爨以兰苏；华清夏洁，洒以纤缟。华清，井水之澄华也。饔

---

① （晋）王嘉撰，（梁）萧绮录，齐治平校注：《拾遗记序》，第1页。
② 同上书，第250页。
③ 同上书，第251页。

人视时而叩钟，伺食以击磬，言每食而辄击钟磬也。悬四时之衣，春夏以金玉为饰，秋冬以翡翠为温。烧异香于台上。忽有野人，被草负笈，扣门而进，曰："闻国君爱阴阳之术，好象纬之秘，请见。"景公乃延之崇堂。语则及未来之兆，次及已往之事，万不失一。夜则观星望气，昼则执算披图。不服宝衣，不甘奇食。景公谢曰："今宋国丧乱，微君何以辅之？"曰："德之不均，乱将及矣。修德以来人，则天应之祥，人美其化。"景公曰："善。"遂赐姓曰子氏，名之曰韦，即子韦也。

这段文字文辞华美，句式整中有变，俨然"铺采摛文"的赋笔。对统治者浮华奢靡生活的描写，极尽铺排渲染之能事。《拾遗记》中最能体现"铺采摛文"赋体特征的是卷十对神话传说中八大名山神奇物产的描写。可以说，王嘉对八大名山动植物产的铺陈，就是八篇结构完整的赋作，如：

岱舆山，一名浮析，东有员渊千里，常沸腾，以金石投之，则烂如土矣。孟冬水涸，中有黄烟从地出，起数丈，烟色万变。山人掘之，入地数尺，得燋石如炭灭，有碎火，以蒸烛投之，则然而青色，深掘则火转盛。有草名莽煌，叶圆如荷，去之十步，炙人衣则燋，刈之为席，方冬弥温，以枝相摩，则火出矣。南有平沙千里，色如金，若粉屑，靡靡常流，鸟兽行则没足。风吹沙起若雾，亦名金雾，亦曰金尘。沙着树粲然，如黄金涂矣。和之以泥，涂仙宫，则晃昱明粲也。西有焉玉山，其石五色而轻，或似履舄之状，光泽可爱，有类人工。其黑色者为胜，众仙所用焉。北有玉梁千丈，驾玄流之上，紫苔覆漫，味甘而柔滑，食者千岁不饥。玉梁之侧，有斑斓自然云霞龙凤之状。梁去玄流千余丈，云气生其下。傍有丹桂、紫桂、白桂，皆直上千寻，可为舟航，谓之"文桂之舟"。亦有沙棠、豫章之木，长千寻，细枝为舟，犹长十丈。有七色芝生梁下，其色青，光辉耀，谓之"苍芝"。荧火大如蜂，声如雀，八翅六足。梁有五色蝙蝠，黄者无肠，倒飞，腹向天；白者脑重，头垂自挂；黑者如乌，至千岁形变如小燕；青者毫毛长二寸，色如翠；赤者止于石穴，穴上入天，视日出入恒在其上。有兽名嗽月，形似豹，饮金泉之液，食银石之髓。此兽夜喷白气，其光如月，可照数十亩。轩辕之世获焉。有遥香草，其花如丹，光耀入月，叶细长而白，如忘忧之草，其花叶俱香，扇馥数里，故名遥香草。其子如薏中实，甘香，食之累月不饥渴，体如草之香，久食延龄万岁。仙人常采食之。（岱舆山）

靡丽的文辞与夸诞的内容相结合，这是"赋"体常见的写法。这种行文中运用排比句式的夸张渲染，一方面显示了王嘉驾驭语言的高超的技巧，另一方面也是他作为一个道教徒宣传神仙道教思想的需要：为了让更多的人相信道教神仙之说，或"出于对仙山异境超人间的富丽表现的需要，书中许多地方运用了类似辞赋的铺排渲染之笔，铺陈珍奇，罗列异宝，夸张渲染，不遗余力"①。王嘉就是以华丽奇特的语言向世人展示了神仙世界的神奇与高不可攀，从而达到了宣传神仙道教思想的目的。难怪谭献称《拾遗记》为"艳异之祖，恢谲之尤"②。

刘勰《文心雕龙·诠赋》说："赋自诗出，分枝异派。"以屈原为代表的"骚体"是诗向赋的过渡，叫"骚赋"；汉代正式确立了赋的体例，称为"辞赋"；魏晋以后，日益向骈文方向发展，叫作"骈赋"。骈赋要求在写作的过程中，语句上以四、六字句为主，句式错落有致并追求骈偶，语音上讲求声律协谐，文辞上讲究藻饰和用典。王嘉《拾遗记》除用华丽的文辞极尽铺排渲染之能事外，在行文的过程中，还大量地运用了四六对句，而这应该是王嘉受魏晋后期逐渐兴起的骈赋文风影响的结果。如卷四在陈述秦始皇所起云明台、卷三在讲西王母降临人间时都使用了大量的对句：

---

① 王晶波：《论〈拾遗记〉的唯美倾向》，《西北师范大学学报》2003 年第 1 期。
② （晋）王嘉撰，（梁）萧绮录，齐治平校注：《拾遗记·附录》，第 253 页。

　　　　始皇起云明台，穷四方之珍木，搜天下之巧工。南得烟丘碧
　　桂，郦水燃沙，贲都朱泥，云冈素竹；东得葱峦锦柏，漂檖龙
　　松；寒河星柘，屼山云梓；西得漏海浮金，狼渊羽璧，滁嶂霞
　　桑，沉塘员筹；北得冥阜乾漆，阴坂文梓，褰流黑魄，暗海香
　　琼，珍异是集。

　　　　西王母乘翠凤之辇而来，前导以文虎、文豹，后列雕麟、紫
　　麕。曳丹玉之履，敷碧蒲之席，黄莞之荐，共玉帐高会。荐清澄
　　琬琰之膏以为酒。又进洞渊红花，嵊州甜雪，崑流素莲，阴岐黑
　　枣，万岁冰桃，千常碧藕，青花白橘。

又如，卷一在陈述春皇庖牺的贡献时也运用了大量的对句：

　　　　自尔以来，为陵成谷。世历推移，难可计算。比于圣德，有
　　踰前皇。礼义文物，于兹始作。去巢穴之居，变茹腥之食，立礼
　　教以导文，造干戈以饰武，丝桑为瑟，均土为埙，礼乐于是兴
　　矣。调和八风，以画八卦，分六位以正六宗，于时未有书契，规
　　天为图，矩地取法，视五星之文，分晷景之度，使鬼神以致群
　　祠，审地势以定川岳，始嫁娶以修人道。

　　可以看到，上述几段文字，虽然没有特别讲求声律的和谐，但用
得最多的是四字对句，六字对句也兼有穿插。笔者以为，这种整中有
变的艳丽文辞和华美的藻饰，应该是王嘉受到这一时期逐渐兴起的骈
赋文风影响的结果。

二　诗文融合

　　诗文融合是中国古代小说区别于世界上任何一种小说文本最显著
的标志之一。而中国古代小说这种诗文融合的独特存在，一般认为，
是继承先秦时期《左传》《国语》《战国策》等优秀历史散文的结果，
特别是《左传》，书中大量引用了《诗经》中的诗句。汉魏六朝时期
的志怪小说特别是杂史杂传类小说中诗文融合就时有出现，如《穆天

子传》中穆王与西王母相会时的以诗言志，《搜神记》中《紫玉》条的四言诗、《崔少府墓》条的五言诗等，但成分较少。相比较而言，《拾遗记》在这一时期的志怪小说中却是一个独特的存在。《拾遗记》的语言，不仅受魏晋时渐趋靡丽的文风的影响，行文骈化、赋体化倾向明显；而且穿插了大量的诗歌、谣、谚，诗文融合。《拾遗记》以史的体例结构全书，在语言的运用上也继承《左传》等先秦历史散文的特点，在行文中运用大量的诗歌、俚语，韵散结合，使语言华丽而有文采。据粗略估计，《拾遗记》中运用的诗歌、俚语将近30多处。总的看来，《拾遗记》中所引诗歌，谣、谚可分为两个类，一类是从外在角度出发所引，这些诗谣谚语主要是作者或叙述人有感而发的议论，如卷一"轩辕黄帝"条宁先生的七言颂，仙人方回的《游南岳七言赞》，卷七"薛灵芸"条的"行者歌"，卷九张华的《金葵赋》以及文中所引的《诗》《春秋》等书中的诗句等。另一类是从内在的角度出发所引的诗歌谚语，这些诗歌谚语主要表现作品中故事人物自身的主观感受，如皇娥与白帝之子的对歌，卷六昭帝使宫人所歌七言诗，灵帝在裸游馆时所唱的《招商》之歌，翔风被黜退后所唱的五言诗以及汉武帝所作《落叶哀蝉曲》等。

在这些诗歌、谚语中运用最多的是七言诗，如卷一"少昊条"，皇娥与白帝之子所歌七言诗：

皇娥依瑟而歌曰："天清地旷浩茫茫，万象迥薄化无方。浛天荡荡望沧沧，乘桴轻漾著日傍，当其何所至穷桑，心知和乐悦未央。"

白帝之子答歌曰："四维八埏眇难极，驱光逐影穷水域。璇宫夜静当轩织。桐峰文梓千寻直，伐梓作器成琴瑟。清歌流畅乐难极，沧湄海浦来栖息。"

韵散结合的语言，恰如其分地表达了两个热恋中的年轻人愉悦的心情，瑰丽的辞藻构成了一个缥缈秀丽的仙境，二人的情歌赠答，辞采艳发，情致缠绵，更是锦上添花。从内在的韵律来看，二人所唱之歌，也是句句押韵的，读来朗朗上口。《拾遗记》中所引七言诗，更多的是为宣传神仙道教思想服务的，如卷一"轩辕黄帝"条宁先生游沙海的七言颂："青蕖灼烁千载舒，百龄暂死饵飞鱼。"与"虞舜"条仙人方回《游南岳七言赞》："珠尘圆洁轻且明，有道服者得长生"等都反映了仙人对神仙世界的歌颂。也有以七言诗的形式来反映谶纬思想的，如卷七"薛灵芸"条行者所歌之诗："青槐夹道多尘埃，龙楼凤阙望崔嵬。清风细雨杂香来，土上出金火照台"，就是以阴阳五行学说预示了曹魏的运数将尽以及司马氏的即将大兴。

　　在七言体诗歌刚刚起步的魏晋时代，王嘉《拾遗记》中自创或引用如此之多的七言诗，是难能可贵的，虽然这些七言诗艺术成就并不高，但它们对后代七言诗的进一步发展具有重要的开创意义。更重要的是，这些诗句运用到小说的叙事之中，使叙事与抒情相结合。有时从外在角度出发，对所述之事进行一番议论；有时又从内在角度出发，把主人公彼时彼地的所思所想完整地表达了出来。这些诗词，升华、延伸了小说的情节，也加深了读者对小说的理解。

　　除七言诗外，《拾遗记》中所引诗歌还有六言、五言、四言、三言、杂言等诗歌样式。杂言如卷五汉武帝所赋《落叶哀蝉曲》："罗袂兮无声，玉墀兮尘生，虚房冷而寂寞，落叶依于重扃。望彼美之女兮安得，感余心之未宁。"把一个帝王对爱妃无尽的思念表现得淋漓尽致。六言诗如卷九"张华"条的闾里歌"宁得醇酒消肠，不与日月齐光"以及同卷的《金葵赋》："擢九茎于汉庭，美三株于兹馆，贵表祥乎金德，比名类乎相乱"等等。前两句反映了在魏晋这一动乱的时代，文人以酒消极避世的历史事实；后一首则是讽刺杨氏专权，影射时事。五言诗如卷九翔风所作五言诗："春华谁不美，卒伤秋落时，突烟还自低，鄙退岂所期，桂芳徒自蠹，失爱在蛾眉。坐见芳时歇，憔悴空自嗤！"这是翔风独守空房时所做的五言诗，在这首诗中，把一个被弃的女性心中的怨恨、感伤统统表现了出来，与前面曾经的专宠形成鲜明的对比。《拾遗记》对谚语的引用，则多是四言、三言、二言等，不再一一引述。"这些歌谣俚语被有机地组合在整个故事中，既很好地表达了人物的思想感情，又渲染了环境气氛，有些还从一个侧面反映出了特定的社会现实。"①

上述诗歌、俚语的艺术特色我们暂且不论，但这种诗文融合的语言承史而来，比"史"的语言更为工整华丽却是显而易见的。《拾遗记》以前的小说中，也时有引诗，但这样大量的运用诗歌、俚语，在魏晋南北朝小说中，却还是第一次。这种诗文融合的方法，不仅与小说人物在特定环境中的心理感受相契合，也与虚构想象的小说情节水乳交融。就是有感而发的诗，也是恰如其分，与整个故事情节融为一体，这说明，《拾遗记》"在继承过去历史著作中诗文融合写作方法的同时，能够摆脱其纯粹纪实的性质，而贯注以奇幻想象的活力，从史传的旧传统中，开拓出艺术的新境界，这在中国古典小说的发展历程中，具有奠基意义"②。《拾遗记》中各体诗的韵文与叙述性散文的相间杂用，使它成为"文备众体"的综合性语体。历代学者大多认为《拾遗记》"事丰奇伟，辞富膏腴，无益经典，而有助文章"③，且使"历代词人，取材不竭"④。今天看来，不失为公允的评价。

三 形象化的语言

《拾遗记》的语言，除了行文中鲜明的赋体倾向以及诗文融合的特点之外，也具有形象化的特点，特别是在一些事物的命名上，更显示出了王嘉的匠心独具。杂史杂传体志怪小说《穆天子传》中记载了周穆王巡行天下时驾车的八骏：赤骥、盗骊、白义、逾轮、山子、渠黄、华骝、绿耳。《拾遗记》中也写到了穆王的八骏，但这里的八骏之名与《穆天子传》完全不同，它们是："一名绝地，足不践地；二名翻羽，行越飞禽；三名奔霄，夜行万里；四名越影，逐日而行；五名逾辉，毛色炳耀；六名超光，一形十影；七名腾雾，乘云而奔；八名挟翼，身有肉翅。"同样是八骏，《穆天子传》中的八骏之名，

---

① 邵宁宁、王晶波：《说苑奇葩》，甘肃教育出版社1999年版，第58页。

② 郭杰：《中国古典小说中诗文融合传统的渊源与发展》，《中国文学研究》1995年第2期。

③ （清）永瑢等：《四库全书总目》，中华书局1996年版，第2107页。

④ 同上。

除逾轮、山子外，似乎更偏重于从颜色上寻求马的特点，然而在王嘉的笔下，八骏之名一个个充满了灵动之气，形象而又鲜明，给读者以广阔的想象空间，余味无穷。除八骏外，《拾遗记》中还有"八剑"之名：掩日、断水、转魄、悬翦、惊鲵、灭魂、缺邪、真刚，也都集物件的名称与特点于一体，形象生动。又卷六写汉宣帝时，"有背明之国，所贡五谷"，五谷之名也颇为形象：

　　宣帝地节元年，乐浪之东，有背明之国，来贡其方物。言其乡在扶桑之东，见日出于西方。其国昏昏常暗，宜种百谷，明曰"融泽"，方三千里。五谷皆良，食之后天而死。有浃日之稻，种之十旬而熟；有翻形稻，言食者死而更生，夭而有寿；有明清稻，食者延年也；清肠道，食一粒历年不饥。有摇枝粟，其枝长而弱，无风常摇，食之益髓；有凤冠粟，似凤鸟之冠，食者多力；有游龙粟，叶屈曲似游龙也；有琼膏粟，白如银，食此二粟，令人骨轻。有绕明豆，其茎弱，自相萦缠；有挟剑豆，其英形似人挟剑，横斜而生；有倾离豆，言其豆见日，叶垂覆地，食者不老不疾。有延精麦，延寿益气；有昆和麦，调畅六府；有轻心麦，食者体轻；有醇和麦，为曲以酿酒，一醉累月，食之凌冬可袒；有含露麦，穟中有露，味甘如饴。有紫沉麻，其实不浮；有云冰麻，实冷而有光，宜为油泽；有通明麻，食者夜行不持烛，是苣藤也，食之延寿，后天而老。其北有草，名虹草，枝长一丈，叶如车轮，根大入谷，花似朝虹之色。昔齐桓公伐山戎，国人献其种，乃植于庭，云霸者之瑞也。有宵明草，夜视如列烛，昼则无光，自消灭也。有紫菊，谓之日精，一茎一蔓，延及数亩，味甘，食者至死不饥渴。有焦茅，高五丈，燃之成灰，以水灌之，复成茅也，谓之灵茅。有黄渠草，映日如火，其坚韧若金，食者焚身不热；有梦草，叶如蒲，茎如著，采之以占吉凶，万不遗一；又有闻遰草，服者耳聪，香如桂，茎如兰。其国献之，多不生实，叶多萎黄，诏并除焉。

除此之外，还有如曳影之剑、沧波舟、挂星查等都生动、形象、有趣，给人无尽的遐想。可以看到，《拾遗记》生动形象的语言背后，反映的是古代劳动人民战胜自然、克服自然的强烈愿望和美丽的幻想。在远古时代交通不发达，缺少食物，部落之间战争频繁，所以人们幻想有像八骏一样的交通工具，使人们免受徒步之苦；有一穗千车的谷物，使人民免受饥饿之苦；有像"八剑"、曳影之剑这样的兵器，使人民免受战争之苦；又有轮波之舟、挂星之槎，能让人们上天下海，探索宇宙大海的奥秘。总之，古代劳动人民对既神奇而又变幻莫测的大自然充满了好奇，这一系列富有想象力的生动形象的事物名称，即是明证。

毋庸置疑，《拾遗记》鲜明的赋体特征、诗文的大量融合以及语言的形象化都使得它在魏晋南北朝志怪小说中大放异彩，成为这一时期杂史杂传体志怪小说的代表之作，也直接影响了后世小说的创作，具有深远的意义。

第四节　有意而为的志怪小说《拾遗记》

20 世纪 20 年代，自鲁迅提出"六朝人并非有意作小说"，"及到唐时，则为有意识的作小说"的论断后，60 年来一直被文学史家、小说家和许多的研究者承袭引用、著述论文，似乎成了定论。然而，从 20 世纪 80 年代开始，随着人们对魏晋南北朝志怪小说研究的逐渐深入，对于六朝志怪小说是否是有意而为出现了不同的观点。石昌渝、吴志达、王恒展、王启忠、孟昭连等认为"小说创作的作意好奇，也不是自唐始，六朝人就开始了"①。李剑国、王江等认为"魏晋作家写志怪小说，是把怪异现象当作事实来论述的，并非有意识的写小说，而唐人写传奇则不同，他们是有意识地从事小说创作"②。

---

① 吴志达：《魏晋南北朝小说的审美特征——兼对是时"亦非有意为小说"质疑》，《人文论丛》1998 年卷。

② 王江：《中国小说源流新探》，《四川师范大学学报》1991 年第 3 期。

刘叶秋、侯忠义等则认为，从总体上看，魏晋志怪小说非有意而为，但从局部看，有些小说如《拾遗记》则"颇有些有意作小说的样子"①。啸马则说六朝志怪小说的作者，"还没有如同唐以后那种进行小说创作、塑造人物性格的自觉的文学意识。他们写志怪故事，自以为带有'实录'性质，目的是为了宣扬宗教迷信思想和传统道德观念。所以着眼的重点在因果报应，对体现这种观念的情节往往写得比较具体，而人物性格却几乎没有什么展开。可以说，这样的人物形象，还只是故事情节的承担者，思想观念的传声筒。他们的审美意义，主要表现在以现实生活所无而人民愿望共有的情节，来揭露、批判黑暗的现实，在鬼怪的外形中，蕴含了人民的真实感情"②。笔者以为，在六朝小说是否有意而为这一问题上，应以发展的眼光，一分为二地看问题。实际上，综观汉魏六朝时期志怪小说的创作可以看出，在志怪小说创作的初始阶段，人们进行志怪小说的创作，只是为了把怪异的现象作为事实记录下来，这一时期志怪小说的作者也都被认为有意而为的成分是很少的。然而，随着越来越多志怪小说的出现，除了道教的方士、佛教徒外，更多的文人名士如干宝、张华等也加入到了志怪小说创作的行列，就是一些道教徒或佛教徒也往往具有很深厚的文学功底，他们在实录当世流传的神鬼怪异之事的前提下，往往有意识地进行一定程度的改造、虚构，从而使志怪小说中所述故事、人物等具有了很高的艺术水准，有意而为小说的意味也越来越明显。《拾遗记》就是这样一部有意而为的志怪小说。下面，笔者将就自己的观点略作陈述。

通过对相关小说研究理论成果的探究发现，历来学人评价一部作品是否是有意而为小说的标准主要表现在两个方面：

一、写实与虚构同在。艺术来源于生活，但同时又高于生活。历来学人评价一部文学作品是否是小说的标准，就是看作品中的故事情

---

① 侯忠义：《汉魏六朝小说史》，春风文艺出版社1989年版，第105页。
② 啸马：《中国古典小说人物审美论》，华东师范大学出版社1990年版，第20—21页。

节、人物等有无虚构的成分。实际上，魏晋时期的志怪小说作家就很注重小说创作中的虚构。托名郭宪的《汉武洞冥记》自序就完全肯定虚构在小说创作中的地位，认为过去的小说，局限于附属"经文、史官记事"，陈陈相因，因此"略而不取"，作者一反过去的做法，"今籍旧史所不载者，聊以闻见"，"成一家之书"。他认为"洞悉于道教，使冥迹之奥"，"欲穷神仙之事，故绝域遐方"。这种深奥与遥远的要求，促使小说家有丰富的想象力，而"论神仙之事，或言浮诞"，这就要求虚构。这说明，作者认为小说可以虚妄荒诞，不必作事实的真实记录，从而完全肯定了虚构在小说创作中的重要作用。《拾遗记》在《隋书·经籍志》，新、旧《唐志》中被著录在史部杂史类，这说明，《拾遗记》有部分写实的成分，但较之写实的成分，书中更多的是虚构。萧绮最早在《拾遗记序》中透露了王嘉对虚构的认识，他说："王子年乃搜撰异同，而殊怪毕举，纪事存朴，爱广尚奇，宪章稽古之文，绮综编杂之部，《山海经》所不载，夏鼎未之或存，乃集而记矣。辞趣过诞，意旨迂阔，推理陈迹，恨为繁冗，多涉祯祥之书，博采神怪之事，妙万物而为言，盖纪世而弘博矣！"另外，唐代的刘知几就站在史家力求写实的角度，批评《拾遗记》"全虚构辞，用惊愚俗"[①]。由此可见，魏晋时代的作家在小说创作中是有自觉的虚构意识的，从《拾遗记》的内容也可看出明显的虚构成分。王嘉在创作的过程中，往往从一点历史事实出发，借助于丰富的想象、虚构故事情节，来达到宣传神仙道教思想的目的。王谟云："二志厕之杂史，缪矣，《通考》以入小说家尚未近之。"[②]齐治平说《拾遗记》"借一点历史传说为引线，铺陈成情节婉曲、辞藻华艳的故事"[③]。刘叶秋也说《拾遗记》"以故事为中心，借一点历史因由来驰骋想象，扩展演饰"[④]。侯忠义则认为："《拾遗记》就点滴事实敷

---

① （唐）刘知几撰，（清）浦起龙通释，吕思勉评，李永圻、张耕华导读整理：《史通》，上海古籍出版社2007年版，第194页。

② 《拾遗记跋》，见《增订汉魏丛书本》。

③ （晋）王嘉撰，（梁）萧绮录，齐治平校注：《拾遗记·前言》，第15页。

④ 刘叶秋：《古典小说笔记论丛》，南开大学出版社1985年版，第30页。

衍成篇的特点，颇有有意为小说的意思。王嘉似是自觉地进行小说创作。这种靡丽的文辞与夸诞的内容相结合的创作手法，使《拾遗记》在魏晋小说史上占有重要地位，并直接影响了唐传奇的创作。"① 王恒展对《拾遗记》虚实结合的特点有着更为详尽的论证，他说：

> 《拾遗记》以历史人物、历史事件为题材和线索，附会以大量的民间传说和艺术想象，加以铺张敷演，"编言贯物，使宛然成章"，已开有意为小说之先河。并"删其繁索，纪其实美。……影彻经史，考验真怪"，与其他志怪小说相比，显然已经注意了虚实、真怪之间的关系，注意了艺术的真实。②

由此可见，《拾遗记》具有将传说与历史小说化的特征，他"殊怪必举"，"博采神仙之事"。后人因其内容与史书不合，多斥其怪诞。《四库全书总目》就说《拾遗记》"其言荒诞，证以史传皆不合，……亦刘勰所谓'事丰奇伟，辞富膏腴，无益经典，而有助文章'者欤"。王瑶则认为："以史法和道德来绳方士之言，当然是不可能的；因为这本是街谈巷语的小说。而且照近代'小说'的观念说，这也许是魏晋时期比较最接近'小说'的一种。"③《拾遗记》上自庖牺，下至东晋，记述了这一段历史时期内很多的帝王以及历史人物的传说故事，这些故事大都是在尊重历史事实基础上的夸大和虚构，如汉武帝想念已故宠妃李夫人是历史的事实，但王嘉在《拾遗记》中有关汉武帝为能一睹芳人容颜，不惜劳民伤财，听信方士李少君之语，派人"至暗海，经十年而还"，取"潜英之石"，并让工匠刻为李夫人之形，"置于轻纱幕里。宛若生时"，而"昔去之人，或升云不归，或托形假死，获反者四五人"等的记述则明显是虚构。汉成帝、汉灵帝荒淫，史书上已有记载，是历史事实，但《拾遗记》

① 侯忠义：《汉魏六朝小说史》，春风文艺出版社1989年版，第109页。
② 王恒展：《中国小说发展史概论》，山东教育出版社1996年版，第201—202页。
③ 王瑶：《中古文学史论》，北京大学出版社1988年版，第128—129页。

中有关汉成帝因为喜欢暗行，憎恶灯烛照明而起宵游馆，并让宫中美女俱服皂色；汉灵帝在西园筑裸游馆，让宫女覆舟落水，观其玉色等的记述则明显与史无据。除此而外，《拾遗记》对燕昭王、秦始皇、汉武帝、石虎等众多帝王以及师旷、师涓、贾逵、麋竺、石崇、张华等历史人物的逸闻趣事的记述过程中无不表现出历史与传说的完美结合，具有鲜明的虚实结合的特点。

二、具备小说所具有的高超的叙事艺术。作为有意而为的志怪小说，《拾遗记》在叙事特征上的有意而为更加明显，具体而言，主要体现在以下几个方面：

1. 叙事的完整性以及叙事方式的多样性。与之前的志怪小说相比，《拾遗记》"残丛小语式的琐屑记载，所剩无几"①。王嘉给我们建构了一个又一个生动完整的故事，这些故事有头有尾，有了现代小说完整的叙事结构：人物、情节、环境样样俱全，且在刻画人物形象时，王嘉已经注意到对人物性格的刻画和细节描写。王嘉在叙述故事的过程中，有时还着意渲染、描写场面、模拟人物口吻，使读者如见其人，如闻其声，有身临其境之感。《拾遗记》中的很多故事篇幅很长，一些故事篇幅甚至长达千字，如果抽取出来，即是一篇具有完整故事情节的小说作品。明人无名氏辑的《五朝小说·魏晋小说》中收有《薛灵芸传》《麋生痤恤记》；明代秦淮寓客辑的《绿窗女史》中收有《翔风传》《赵夫人传》《薛灵芸传》《丽姬传》；明代冰华居士辑的《合刻三志》收有《丽姝传》，除此之外，民国吴曾祺辑的《旧小说》中也收有《薛灵芸传》《麋生痤恤记》等，以上故事均题名前秦王嘉撰，将这些故事与《拾遗记》原文进行对照后发现，这些故事实际上都是从《拾遗记》中抽取出来的。由此可见，《拾遗记》中的很多故事曾被抽取出来，作为独立的故事在民间流传，从而也反映出《拾遗记》叙事的完整性。吴志达在其《魏晋南北朝志怪小说的审美特征——兼对是时"亦非有意为小说"质疑》② 一文中

① 刘叶秋：《古典小说笔记论丛》，南开大学出版社 1985 年版，第 31 页。
② 《人文论丛》1998 年卷。

就说：

> 《汉武帝内传》，《神仙传》中的《张道陵》《壶工》《麻
> 姑》，《赵飞燕外传》及《拾遗记》中的《少昊》《薛灵芸》《颛
> 顼》《宛渠之民》《身毒道人》等志怪小说或志人小说，描写之
> 铺张，幻设之奇妙丰富，人物形象与古史情节之生动，不在唐人
> 小说之下。《赵飞燕外传》托名汉河东都尉伶玄，实为魏晋文人
> 所作；鲁迅认为"恐是唐宋人所为"，大概就是有鉴于其有意为
> 小说的自觉性及其艺术水平，已经达到唐传奇的高度。

　　从这段话中可以看出，在吴志达看来，如果说唐传奇是有意而为
的小说，那么《拾遗记》有意而为小说的倾向也就不在话下了。除
此之外，《拾遗记》在叙述故事时，有时由于情节的需要，还灵活运
用了多种叙事方式，如"怨碑"条，作者在叙述的过程中就运用了
顺序、插叙、追叙等几种叙事方式，王嘉对叙事方式的刻意运用，也
可见出他有意而为小说的倾向。

　　2. 叙事与抒情的完美结合。作为一部艺术成就很高的志怪小说，
只有完整的叙事情节是不够的，还应该做到叙事与抒情的完美结合，
这样才能够打动读者，获得更加持久的生命力。王嘉在叙述故事的过
程中，就做到了叙事与抒情的完美结合。最明显的就是在具体的叙事
过程中，抒情主人公会情不自禁地插入一些诗歌、谚语，来表现主人
公此时此刻的心情。如卷一皇娥与白帝之子相恋时所唱的七言诗歌，
情景交融，具有很高的艺术造诣。王谟《汉魏丛书·拾遗记跋》说：
"昔太史公尝病百家言黄帝，文不雅驯；而嘉乃凿空著书，专说伏羲
以来异事，其甚者，至以《卫风·桑中》托始皇娥，为有淫佚之行。
诬罔不道如此，其见杀于苌，非不幸也！"王谟站在史家写实的角度
批评王嘉，实则是他不懂小说这种艺术形式的表现。除此之外，卷五
写汉武帝思念李夫人不得而发的感慨，卷九写翔风被弃后独处空房所
作的诗等，都反映了彼时彼地彼人的思想情感。王嘉把二者完美地结
合在一起，反映了他高超的创作本领。对于这一点，邵宁宁、王晶波

在《说苑奇葩》一书中有着更加精辟的阐述：

> 《拾遗记》是一部以叙事为主要目的的著作，然而它还是渗透着相当浓厚的抒情色彩。这种色彩首先表现在作者对神仙境界的那种津津乐道和悠然神往上，没有对神仙境界的这种精神向往，书中就不可能对那些多半属想象虚构的事物摹写得那样传神入理。就是在具体的叙事中，《拾遗记》中也有一些较有抒情色彩的片段。在这些片段中，担负着抒情任务的常是一些歌谣俚曲。它们被有机组合在整个故事中，既很好地表达了人物的思想感情，又渲染了环境气氛，有些还从一个侧面反映出特定的社会现实。[①]

这种情景交融的叙事方式除干宝《搜神记》中有少量表现外，《拾遗记》以前的志怪小说中是很少见的，这实际上也从一个侧面说明王嘉有意而为小说的主观倾向。

3. 叙事语言的形象化。从叙事语言来看，也可见出王嘉有意而为小说的倾向。众所周知，《穆天子传》中记载了周穆王巡行天下时以八骏驾车，其名为赤骥、盗丽、白义、逾轮、山子、渠黄、华骝、绿耳。再看《拾遗记》中所记周穆王巡行天下时驾车的八骏："王驭八龙之骏。一名绝地，足不践地；二名翻羽，行越飞禽；三名奔霄，夜行万里；四名越影，逐日而行；五名逾辉，毛色炳耀；六名超光，一行十影；七名腾雾，乘云而奔；八名挟翼，身有肉翅。"同样是八骏，《穆天子传》中的八骏之名，除逾轮、山子外，似乎更偏重于从颜色上寻找马的特点，几乎看不出有什么新奇之处。然而在王嘉的笔下，八骏之名一个个充满了灵动之气，形象而又鲜明，给读者以广阔的想象余地。八骏之外，《拾遗记》中以形象化的语言来命名的动植物产还有很多，如卷十昆吾山上的"八剑"之名，就很形象生动，它们分别是掩日、断水、转魄、悬翦、警鲵、灭魂、却邪、真刚。卷

---

① 邵宁宁、王晶波：《说苑奇葩》，甘肃教育出版社年版，第58页。

七写汉宣帝时背明之国所贡"五谷"名称如翻形稻、清肠稻、摇枝粟、凤冠粟、游龙粟、绕明豆、延精麦、通明麻等也颇为形象。除此之外，还有如曳影之剑、沦波舟、挂星查等都生动有趣，给人无尽的遐想。

可以看到，《拾遗记》以形象化的语言叙述故事，显示出小说作为大众文化通俗易懂的特点，反映出王嘉有意而为的倾向。

除此之外，《拾遗记》接近"唐人传奇"的特点也表明他是有意而为的小说。《拾遗记》直接影响了唐传奇的创作，已经成为目前学术界较为一致的看法。陈文新说："倘若单从小说影响的角度看《拾遗记》，那么至少有两点必须指出：一是《拾遗记》代表了'拾遗体'的最高成就。二是王嘉有意虚构情节，'词条丰蔚'，其辞章化倾向对唐传奇影响甚巨。"① 他甚至认为"在志怪小说中，'拾遗体'算不上正宗，它其实更接近后来的唐人传奇"②。侯忠义说："这种靡丽的文辞和夸诞的内容相结合的创作手法，使《拾遗记》在魏晋小说史上占有重要的地位，并直接影响了唐传奇的创作。"③ 王恒展也说："像《汉武帝内传》《赵飞燕外传》以及《神仙传》《拾遗记》中的部分优秀作品，若甩掉那点历史的尾巴，便会由蝌蚪变为青蛙，由史传变为传奇小说了。"④ 吴志达则说："《拾遗记》中的《少昊》《薛灵芸》《颛顼》《宛渠之民》《申毒国道人》等志怪或志人小说，其体制之长大，描述之铺张、幻设之奇妙丰富，人物形象与古史情节之生动，不在唐人小说之下。"⑤ 此外，刘叶秋、李剑国等对此也有精辟的论述，刘叶秋就说："《拾遗记》内容虽不免荒诞，却是一部颇富于想象力和文章辞采的书，所叙之事，大都情节委曲，描摹细腻，为唐传奇之先河，在南北朝志怪中，写作技巧是比较高明的，不

---

① 陈文新：《文言小说审美发展史》，武汉大学出版社 2002 年版，第 49 页。

② 同上。

③ 侯忠义：《汉魏六朝小说史》，春风文艺出版社 1989 年版，第 109 页。

④ 王恒展：《中国小说发展史概论》，山东教育出版社 1996 年版，第 203 页。

⑤ 吴志达：《魏晋南北朝志怪小说的审美特征——兼对是时"亦非有意为小说"质疑》，《人文论丛》1998 年卷。

谈因果报应，'残丛小语'式的琐屑记载，所余无几，亦为其发展变化的一个方面。"①

综上所述，作为魏晋南北朝志怪小说代表作之一的《拾遗记》，不论从王嘉虚构故事的深厚的功底，还是从对叙事技巧的灵活熟练的运用等方面都可见出，《拾遗记》是王嘉有意而为的小说。

第五节　萧绮与《拾遗记录》

《拾遗记》除王嘉原文之外，还有萧绮的"录"语。考察正文与"录"语，不论是思想内容还是语言特色都有很大的不同。本节笔者试就萧绮及其《拾遗记录》作一考论。

一

萧绮其人，史书上没有记载，梅鼎祚认为萧绮为南朝梁代人，但爵里未详。考梁代萧统、萧纲、萧纪、萧绎等皇室成员的名字，可以看到，萧绮与他们一样，都是两个字，且后一字均为"绞丝"旁。由此可推断，萧绮极有可能是生活在梁代后期的皇室宗亲，与萧统、萧纲等同辈。齐治平也说："萧绮无考，我疑心他是梁朝的宗室贵族，按照我国姓名排行的习惯，和萧统、萧综、萧纲等是同辈，看他在自序里提到书籍散亡之状说：'宫室榛芜，书藏堙毁。……皇图帝册，殆无一存。'开口不离'宫室''皇帝'，也颇象一个贵族的口吻，与一般说'书阙有间'、'载籍残缺'，迥乎不同。而且史称梁武帝诸子并好学能文，他本人又对阴阳纬侯卜筮占决之书颇有研究，萧绮若为梁武帝晚辈，也很可能世其家学，受其影响，所以在《拾遗记》的《录》里谈到纬书表现得非常内行。"②

从萧绮的《拾遗序》可知，萧绮整理《拾遗记》应该在梁朝灭亡之后，《拾遗记序》中"王纲迁号，五都沦覆，河洛之地，没为

---

① 刘叶秋：《古典小说笔记论丛》，南开大学出版社 1985 年版，第 31 页。
② （晋）王嘉撰，（梁）萧绮录，齐治平校注：《拾遗记·前言》，第 4 页。

戎墟，宫室榛芜，书藏埋毁……故使典章散灭，縑馆焚埃，皇图帝
册，殆无一存"等的记述，应该是对处在战乱中的梁朝末年的真实写
照。根据前文《王嘉生平与交游》一节对王嘉籍贯的考证，由《拾
遗记序》中"晋陇西安阳人王嘉字子年所撰"一句中，萧绮很自然
的运用了当时北周的地名"安阳"还可以推断，萧绮极有可能是在
侯景之乱中或梁朝灭亡后被俘至北方的梁室皇族。《魏书》卷九十八
《岛夷萧衍传》云："始景渡江至陷城之后，江南之民及衍王侯妃主、
世胄子弟，为景军人所掠，或自相卖鬻，漂流入国者盖以数十万口，
加以饥馑，所在涂地，江左遂为丘墟矣。"《南史》卷八《梁本纪下》
也说西魏攻陷江陵，"汝南王大封、尚书左仆射王褒以下，并为俘以
归长安"。又，《周书》卷十五也记载，西魏于承圣三年（554）九月
派于谨等人率兵攻打江陵，同年十二月，江陵被攻陷，梁元帝萧绎被
杀，并"虏其男女十余万人"，造成了南北分裂以来最大的一次人口
迁徙。由"王侯妃主、世胄子弟"的被掠可以看到，很多的皇室贵
族也在被俘之列。笔者以为，《南史》《梁书》没有萧绮本传，有可
能与他在被俘至北方时，年龄尚小，还没有封爵位有关。加之梁朝末
年战乱不断，皇室自顾不暇，致使当时的史料也没有有关萧绮的记
载。唐人在修《梁书》《南史》时，由于史料所限，也就没有为他列
传。当然，以上也还只是笔者的猜测，没有确凿的史料作为证据，还
有待来日作进一步的考证。

　　细味萧绮的录语还可以发现，萧绮在《拾遗记》中的三十多条录
语，几乎涉及了君王之仪与治国之道的方方面面。在录语中，萧绮
"提倡节约，反对奢侈，一再抨击帝王的大兴土木、生活糜烂、殉死
厚葬、劳民伤财等等罪行"①。如卷二"途修国献青凤"条下，萧绮
录语说："昭王不能弘远业，垂声教，南游荆楚，义乖巡狩，溺精灵
于江汉，且极于幸由。水滨所以招问，《春秋》以为深贬。嗟二姬之
殉死，三良之贞节，精诚一至，视殒若生。"卷六"献帝伏皇后"条
下，萧绮录语也说：

---

① （晋）王嘉撰，（梁）萧绮录，齐治平校注：《拾遗记·前言》，第12页。

汉兴，至于哀、平、元、成，尚以宫室，崇苑囿，而西京始
有弘侈，东都继其繁奢，既违采椽不斫之制，尤异灵沼遵俭之
风。考之皇图，求之志录，千家万户之书，台卫城隍之广，自重
门构宇以来，未有若斯之费溢也。孝哀广四时之房，灵帝修裸游
之馆，妖惑为之则神怨，工巧为之则人虐，夷国沦家，可为
恸矣！

　　萧绮还对君臣之义进行了评述，如卷三"有韩房者"条下，萧绮
录语就说："凡事君尽礼，忠为令德。有违则规谏以竭言，弗从则奉
身以求退。故能剖身碎首，莫顾其生，排户触轮，知死不去。如手足
卫头目，舟楫济巨川，君臣之义，斯为至矣。"可以看到，"从反对
大兴土木提倡薄葬到事君之仪、忠谏之道，再到国君的品行修养、言
行着装等。与当时的大多数小说家不同的是，他对于君王之仪、治国
之道有着异乎寻常的热情，以至于几乎在每一则录语里都或直接或隐
蔽地存在着这类评语"①。冈察洛夫说："我有（或者曾经有）自己的
园地，自己的土壤，就像我有自己的祖国，自己的家乡的空气，朋友
和仇人，自己的观察、印象和回忆的世界——我只能写我体验过的东
西，我思考过和感觉过的东西，我爱过的东西，我清楚地看见过和知
道的东西。总而言之，我写我自己的生活和与之长在一起的东西。"②
笔者以为，萧绮的录语之所以涉及如此之多的有关君主之仪与治国之
道等方面的内容，一方面与王嘉在《拾遗记》中多写历代帝王的奇
闻轶事以及朝代更替等的重大历史事件有关；另一方面应该也是他从
小体验过的、知道的东西，或者感觉过的相关事物在他录语中的
反映。

　　除此之外，萧绮录语与《拾遗记》正文在语言方面也有很大的区
别。萧绮的"录语已经基本骈俪化，每句字数大抵相同，并且对于文

---

① 杨寿苹：《拾遗记三论》，硕士学位论文，山东大学，2011 年。
② ［俄国］冈察洛夫：《迟做总比不做好》，《古典文艺理论译丛》第一册，人民文学
出版社 1961 年版，第 189 页。

字的排比、瑰丽、对仗的公正以及用典都很在意。如卷二录曰：'同
磻溪之归周，异殷相之负鼎，龙蛇遇命，道会则通，'此句对仗严谨，
而且在短短的几句中用了太公垂钓、伊尹负鼎这两个典故，'龙蛇遇
命'也是本于《庄子》。由此可见，录语明显不是晋之散文的风格，
而是齐梁之骈文了"①。既然萧绮录语是齐梁时期骈文的风格，那么
萧绮应该是齐梁时期的人无疑，而萧绮的名字与萧统、萧纲、萧绎的
联系，则进一步明确了他皇室成员的身份。

　　综上所述，萧绮极有可能是生活在梁代后期的皇室宗亲，与萧
统、萧纲等为同辈，他在《拾遗记》录语中的许多评论也是他曾经
熟悉的宫廷生活的反映，他整理《拾遗记》应该是在梁朝灭亡他被
俘至北方之后。

二

　　萧绮在《拾遗记序》中说："绮更删其繁紊，纪其实美，搜刊幽
秘，捃采残落，言匪浮诡，事弗空诬，推详往迹，则影彻经史，考验
真怪，则叶附图籍。若其道业远者，则辞省朴素；世德近者，则文存
靡丽；编言贯物，使宛然成章。数运则与世推移，风政则因时迥改。
至如金绳鸟篆之文，玉牒虫章之字，末代流传，多乖曩迹，虽探研镂
写，抑多疑误。及言乎政化，讹乎祯祥，随代而次之。土地山川之
域，或以名例相疑；草木鸟兽之类，亦以声状相惑；随所载而区别，
各因方而释之，或变通而会其道，宁可采于一说！今搜捡残遗，合为
一部，凡一十卷，序而录焉。"由此可见，萧绮除对《拾遗记》原文
删繁补阙，进行系统的整理之外，还从不同的方面对《拾遗记》原
文进行了品评，这些品评之语在《拾遗记》中均以"录曰"开头，
共三十七则。李剑国《唐前志怪小说史》说："萧绮的录或在各条
后，或在各篇末，凡三十七则。……内容大抵是就该条或该篇记事进

---

① 朱莉莉：《拾遗记作者、版本及文学性研究》，硕士学位论文，山东大学，
2008 年。

行发挥或补充。"① 侯忠义则说："萧绮之'录',相当于论赞,是对书的内容的分析和评价。"② 张侃在其《萧绮对〈拾遗记〉的整理和批评——从小说批评史的角度加以考察》③ 一文中也说,萧绮的录语"或补正,或辩难,或发挥,或评价,随机而定"。下面笔者就从补正、辩难、发挥、评价等几个方面对萧绮的录语作一简要的分析。

首先是补正。萧绮对王嘉《拾遗记》正文与史料不同或需要以经史补充说明的地方进行了补充完善。如卷八吴"孙坚母"条曰:"孙坚母妊坚之时,梦肠出绕腰,有一童女负之,绕吴阊门外,又授以芳茅一茎。童女语曰:'此善祥也,必生才雄之子……'"萧绮录则曰:

> 按《吴书》云:"孙坚母怀坚之时,梦肠出绕阊门。"与王之说为异。夫西方金位,以叶晋德,兴亡之兆,后而效焉。盖表吴亡而授晋也。夫六梦八征,著明《周易》,授兰怀日,事类而非。及吴氏之兴年,嘉禾之号,芳茅之徵信矣。

萧绮引述了《吴书》中关于孙坚出生的神异传说,并指出与王嘉的记述不同,是对王嘉正文的补正。又如卷一"春皇庖羲""炎帝神农"二则故事下,萧绮录语曰:

> 《八索》载其退轨,《九丘》纪其淳化,备昭籍蒉,编列柱史。考验先经,刊详往诰,事列方典,取征群籍,博采百家,求详可证。按《山海经》云:"棠帝之山,出浮水玉。巫闾之地,其木多文。"自非道真俗朴,理会冥旨,与四时齐其契,精灵协其德,祯祥之异,胡可致哉!

在录语中,萧绮将王嘉正文的内容与前代的经典所记载的史实进

① 李剑国:《唐前志怪小说史》,天津教育出版社 2005 年版,第 349 页。
② 侯忠义:《汉魏六朝小说史》,春风文艺出版社 1989 年版,第 104 页。
③ 《复旦大学学报》(社会科学版) 1995 年第 2 期。

行了互证，并认为"圣王时代，天下所以清平，灵瑞祯祥，是由于'道真俗朴，理会冥旨，与四时齐其契，精灵协其德'，否则，'祯祥之异，胡可致哉?'（卷一录语）这样用儒家的观点加以推衍论证，正如清末谭献所说的'萧绮附录，大义归于正道，是非不谬圣人老已'"①。除此之外，卷二"殷汤"条王嘉正文曰："商之始也，有神女简狄，游于桑野，见黑鸟遗卵于地，有五色文，作'八百'字，简狄拾之，贮以玉筐，覆以朱绂。夜梦神母，谓之曰：'尔怀此卵，即生圣子，以继金德。'"萧绮录语对此作了补正："《三坟》《五典》及诸纬候杂说，皆言简狄吞燕卵而生契。《诗》云：'天命玄鸟，降而生商。'斯文正矣。此说怀感而生，众言各异，故记其殊别也。"

其次是辩难。因《拾遗记》正文"事多诡怪"，萧绮则站在史家实录精神与儒家正统观念的立场上对文中诸事"影彻经史，考验真怪"，对其中与经史不符的记述多所辩难。如卷八"孙和""孙亮""糜竺""周群"诸条下，萧绮"录"曰：

> 孙和、孙亮、刘备，并惑于淫宠之玩，忘于军旅之略，犹比强大魏，克伐无功，可为嗟矣! 周群之学，通于神明，白猿之祥，有类越人问剑之言，其事迂诞，若是而非也。夫阴阳递生，五行迭用，由水火相生，亦以相灭。《淮南子》云"方诸向月津为水"，以厌火灾乎。糜氏富于珍奇，削方诸为鸟兽之状，犹土龙以祈雨也。鸩鹆之音，与方诸相乱，盖声之讹矣。羽毛之类，非可御烈火，于义则为乖，于事则违类，先《坟》旧《典》，说以其详焉。

可以看到，对于"周群"条记白猿化作老翁与周群问答之事，萧绮认为"其事迂诞，若是而非也"。对于"糜竺"条说竺家人收鸩鹆数千头，养于池渠中以压火的记述，萧绮认为鸩鹆当是"方诸"之

---

① 张侃：《萧绮对〈拾遗记〉的整理和批评——从小说批评史的角度加以考察》，《复旦大学学报》（社会科学版）1995 年第 2 期。

讹，并且加以驳难说鸟为"毛羽之类，非可御烈火，于义则为乖，于事则违类"。又如卷一"虞舜"条下，萧绮在录语中即对正文与经史不合之处作了辩难：

> 夫盈虚薄蚀，未详变于圣典；孛彗妖沴，著灾异于图册。麒麟斗，鲸鱼死，靡闻于前经。求诸正诰，殆将昧焉，故诬妄也。此言吸日而星雨解坠，抑亦似是而非也。

再次是发挥。萧绮在录语中对王嘉《拾遗记》正文一些符合经史但又记述简略的部分，进行了进一步阐释。如卷九"咸宁四年，立芳蔬园"一段下，萧绮"录"曰：

> 《大雅》云："言采其薇。"此之类也。《草木疏》云："其实如豆。"昔孤竹二子避世，不食周粟，于首阳山采薇而食，疑似卉；或云神类非一，弥相惑乱。可以疗饥，其色必紫，百家杂说，音旨相符。论其形品，详斯香色，虽移植芳圃，芬美莫俦。故薰兰有质，物性无改，产乖本地，逾见芬烈，譬诸姜桂，岂因地而辛矣！当此一代，是谓仙蔬，实为神异。

显然，萧绮的录是对《拾遗记》原文有关三种"芸薇"记述的进一步发挥与阐释。又如卷三"师旷""老聃"条下，萧绮在随后的录语中就作了进一步的阐释与说明：

> 庄周云："德配天地，犹假至言。"观乎老氏，崇谦柔以为要，挹虚寂以归真，知大朴之既漓，发玄文以示世。孰能辨其虚无，究斯深寂？是以仲尼责其德，叶以神灵，极譬二人，以为龙矣。师旷设数千间，卒其春秋之末。《抱朴子》谓为"知音之圣"也。虽容成之妙，大挠之推历，夔、襄之理乐，延州之听，故未之能过也。

　　最后是评价。萧绮的录语还对《拾遗记》正文中的一些故事进行分析和评价，从而表明自己的观点和态度。如卷八"吴主赵夫人""吴主潘夫人"条下，萧绮"录"曰：

　　　　赵、潘二夫人，妍明佚艺，婉娈通神，抑亦汉游洛妃之俦，荆巫云雨之类；而能避妖幸之婆，睹进退之机。夫盈则有亏，道有崇替，居盛必衰，理固明矣。语乎荣悴，譬诸草木，华落张弛，势之必然。巧言萋斐，前王之所信惑。是以申、褒见列于前周，班、赵载详于往汉。异代同闻，可为叹也！

　　萧绮在录语中认为凡事"居盛必衰"，所以他说正文中那些久宠被黜的女性，犹"华落张弛"，乃"势之必然"，他还举了周代的申后、褒姒，汉代的班婕妤、赵飞燕等加以说明，认为这些久宠被黜的女性就跟朝代的更替一样，是必然之势。从萧绮对这两则故事的评价也可以看到他思想的局限性。又如卷六"刘向""贾逵"等五则故事下，萧绮录曰：

　　　　观乎刘向显学于汉成时，才包三古，艺该九圣，悬日月以来，其类少矣。逮乎后汉，贾、何、任、曹之学，并为圣神，通生民到今，盖斯而已。若颜渊之殆庶几；关美、张霸，何足显大儒哉！至如五君之徒，孔门之外未有也，方之入室，彼有惭焉。贾氏之姊，所谓知识妇人鉴乎圣也。

　　萧绮盛赞了刘向、贾逵等五位名士，称他们为"大儒"，说他们是"孔门之外未有之人"，是对勤奋好学之人的最高评价。又卷三"大骑之谷""磅磄上"条下，萧绮录语对王嘉正文所记两处动植物产的神异作了评价，他说："名山大川，肆登跻之极，殊乡异俗，莫不臆拜稽颡。东升巨人之台，西宴王母之堂，南渡鼋鼍之梁，北经积羽之地。舣瑶池而赋诗，期井泊而游博。勒石轩辕之丘，绝迹玄圃之上。自开辟以来，载籍所记，未有若斯神异者也。"

综上所述，从萧绮的录语可以看到，"尽管他的'实'是以经史为依据，而且也没有揭示虚与实之间的关系，但相对于同时代的批评家以虚为实（郭璞）、'遂混虚实'（干宝）而言，他的分辨显然使志怪小说批评向摆脱经史理论束缚的方向迈进了一步"①。基于此，笔者将于下文着重论述萧绮录的思想倾向及艺术特色。

三

由前文论述可以看到，萧绮录语对王嘉正文或补正、或辨难、或发挥、或评价，表现出了其对《拾遗记》正文内容的观点和看法。值得注意的是萧绮对《拾遗记》的评论，体现出儒家思想对萧绮的影响，同时萧绮的评论也体现了史家尚实的精神，也有来自道家对其思想的影响。吴志达就说："《拾遗记》的思想内容虽较复杂，但其基本思想倾向，属于道家思想范畴，只是间杂有儒家思想观念；而萧绮所做的《录》，恰好相反，在对原文作考辨评论中所表现的，主导倾向是儒家思想，只是有时受原文本身内容的制约，也杂有道家思想。"②

儒家思想在萧绮录中随处可见，如卷三"昆昭之台""韩房"二条下，萧绮录语曰："夫诱于可欲，而正德亏矣；惑于闻见，志用迁矣：周灵之谓乎！尔乃受制于奢，玩神于乱，波荡正教，为之偷薄，淫涵因斯而滋焉。何则？溺此仙道，弃彼儒教，观乎异俗，万代之神绝者也。……凡事君尽礼，忠为令德。有违则规谏以竭言，弗从则奉身以求退。故能剖身碎首，莫顾其生，排户触轮，知死不去。如手足卫头目，舟楫济巨川，君臣之义，斯为至矣。"在这段录语中，萧绮站在儒家正统观念的立场上批评周灵王"受制于奢，玩神于乱，波荡正教，为之媮薄"，说他"溺此仙道，弃彼儒教"。这"正好说明王嘉和萧绮思想的分野：一个是站在儒家方面，另一个是站在道家方

---

① 张侃：《萧绮对〈拾遗记〉的整理和批评——从小说批评史的角度加以考察》，《复旦大学学报》（社会科学版）1995 年第 2 期。

② 吴志达：《中国文言小说史》，齐鲁书社 1994 年版，第 125 页。

面，虽然一个是杂牌子的儒家（也谈怪、力、乱、神），另一个是变
了质的道家（已非清静无为之旨），但从这两句话来看，还是有一定
界限的"①。又如卷一"孝养之国"条下，萧绮录语曰：

> 按《易纬》云："尧为阳精，叶德乾道，粤若稽古，是谓上
> 圣。惟天为大，惟尧则之。"禅业有虞，所谓契叶符同，明象日
> 月。盖其载籍邈旷，算纪绵远，德业异纪，神迹各殊。考传闻于
> 前古，求金言于中世，而教道参差，祥德递起，指明群说，能无
> 仿佛！精灵冥昧，至圣之所不语，安以浅末，贬其有无者哉！

通过对萧绮这段录语中所用典故及引文的分析后可以看到，萧绮
录语与王嘉正文最为明显的不同在于，录语所用典故和引文大多数出
自《论语》《孟子》《尚书》《左传》《孝经》等儒家经典，王嘉《拾
遗记》中则更多是与神仙道教有关的神异传说。另外，卷三"师涓"
条记卫灵公因为听师涓所造的新曲而"情涵心惑，忘于政事"，后在
蘧伯玉的劝谏之下"去其声而亲政务"，师涓也悔其所作乖于《雅》
《颂》，退而隐迹之事，萧绮在录语中则此事，他说：

> 夫体国以质直为先，导政以谦约为本。故三风十愆，《商书》
> 以之昭誓；无荒无怠，《唐风》贵其尊俭。灵公违诗人之明讽，
> 惟奢纵惑心，虽追悔于初失，能革情于后谏，日月之蚀，无损明
> 焉。伯玉志存规主，秉亮为心。师涓识进退之道，观过知仁。一
> 君二臣，斯可称美。

可以看到，萧绮对直言劝谏的忠臣蘧伯玉、知错能改的卫灵公、
师涓均给予高度的赞扬，体现了儒家思想体系下明君忠臣的职责
所在。

除站在儒家的立场品评王嘉《拾遗记》正文以外，萧绮的录语还

---

① （晋）王嘉撰，（梁）萧绮录，齐治平校注：《拾遗记·前言》，第2页。

有一个明显的倾向就是史家的尚实精神。萧绮在《拾遗记序》中说，他整理《拾遗记》的依据是"删其繁紊，纪其实美，搜刊幽秘，捃采残落，言匪浮诡，事弗空诬。推详往迹，则影彻经史；考验真怪，则叶附图籍"。萧绮对文中一些不合经史的记述做了大胆的辩难与评论，他认为"精灵冥昧，至圣之所不语，安以浅末，贬其有无者哉"，对于卷二中有关伏羲帮大禹治水之事，他更是辩驳道：

> 夫神迹难求，幽暗罔辨，希夷仿佛之间，闻见以之衔惑。若测诸冥理，先坟有所指明。是以彭生假见于贝丘，赵王示形于苍犬，皆文备鲁册，验表齐、汉。远古旷代，事异神同。衔珠吐烛之怪，精灵一其均矣。若夫茫茫禹迹，杳漠神源，非末俗所能推辨矣。观伏羲至于夏禹，岁历悠旷，载祀绵邈，故能与日月共辉，阴阳齐契。万代百王，情异迹至，参机会道，视万龄如旦暮，促累劫于寸阴。何嗟鬼神之可已，而疑羲、禹之相遇乎！

对于卷三所记穆王驾八骏巡行天下之事以及西王母乘翠凤之辇等传说，萧绮则评价道：

> 楚令尹子革有言曰："昔穆王欲肆心周行，使天下皆有车辙马迹。"考以《竹书》蠹简，求诸石室，不绝金绳。《山经》《尔雅》，及乎《大传》，虽世历悠远，而记说叶同。名山大川，肆登跻之极，殊乡异俗，莫不臆拜稽颡。东升巨人之台，西宴王母之堂，南渡鼋鼍之梁，北经积羽之地。觞瑶池而赋诗，期井泊而游博。勒石轩辕之丘，绝迹玄圃之上。自开辟以来，载籍所记，未有若斯神异者也。

"可见，他是用史家审慎的态度对待鬼神，用史家的实录之法记叙传说中的怪异之事。因此，志怪小说的实录主要在于小说家的精神而不在于材料。诚如鲁迅所言：'盖当时以为幽明虽殊途，而人鬼乃皆实有，故其叙述异事，与记载人间事，自视固无诚妄之别矣。'"①
刘知几在批评《拾遗记》"全构虚辞，用惊愚俗"②的基础上也说：
"是知偏记，小说自成一家；而能与正史参行，其所由来尚矣。"③然
而《四库全书总目》则批评王嘉《拾遗记》和萧绮录语的不合经史：
"嘉书盖仿郭宪《洞冥记》而作，其言荒诞，证以史传皆不合。如
'皇娥宴歌'之事，'赵高登仙'之说，或上诬古圣，或下奖贼臣，
尤为乖迕。绮《录》亦附会其词，无所纠正。"④显然，这是完全站
在史家实录的立场来看待王嘉的《拾遗记》与萧绮的录语。实际上，
萧绮虽然站在儒家正统观念的立场上，以经史的实录精神去品评方士
王嘉所写的志怪小说《拾遗记》，但正如齐治平在《拾遗记前言》中
所说，萧绮自己却不是一个真正的儒士，从他的录语可以看到，他不
仅推崇王嘉所讲的怪力乱神，而且在录语中有时也作诞漫无实的附
会，这也是萧绮深受各家思想影响的明证。

在语言方面，萧绮的录语本身辞采艳发，表现出明显的骈俪化倾
向，与南朝文风渐趋靡丽的时代风气是一致的。如卷二"夏禹"条
下萧绮录语曰：

　　书契之作，肇迹轩史，道朴风淳，文用尚质。降及唐、虞，
爰迄三代，世祀遐绝，载历绵远。列圣通儒，忧乎道缺。故使玉
牒金绳之书，虫章鸟篆之记，或秘诸岩薮，藏于屋壁；或逢丧
乱，经籍事寝。前史旧章，或流散异域。故字体与俗讹移，其音
旨随方互改。历商、周之世，又经嬴、汉，简帛焚裂，遗坟残
泯。详其朽蠹之余，采掇传闻之说。是以"己亥"正于前疑，

---

① 杨再喜：《论古代小说批评对史学"实录"意识的接受》，《湖南科技大学学报》
2006 年第 6 期。

② （唐）刘知几撰，（清）浦起龙通释，吕思勉评，李永圻、张耕华整理：《史通》，
上海古籍出版社 2007 年版，第 194 页。

③ 同上书，第 193 页。

④ （清）永瑢等撰：《四库全书总目》卷一百四十二子部小说家类三，中华书局 1965
年版，第 1207 页。

"三豕" 析于后谬。子年所述, 涉乎万古, 与圣叶同, 摘文求理, 斯言如或可据。

可以看到, 这段录语几乎全是四字对句或六字对句, 由此可以看出南朝骈体文风对萧绮的影响。顾春《拾遗记跋》就说:"萧绮复节为录, 搜抉典坟, 符征秘隐, 辞藻斐然。"不只录语, 王嘉《拾遗记》正文也有明显的赋化、骈体化的倾向, 笔者认为, 《拾遗记》正文之所以赋化、骈体化的原因, 是因为"萧绮认为该书'纪事存朴, 爱广尚奇', 他的整理则是'若其道业远者, 则辞省朴素, 世德近者, 则文存靡丽, 使宛然成章', 可见萧绮在南朝崇尚靡丽的文风下成长, 对于北方传来的王嘉的书, 已经感到质朴了, 并对之进行文字上的整饬, 以使其符合当时南朝所通行之文风"①。由于受骈俪化文风的影响, 萧绮的录语最为明显的特点是大量典故的运用, 如卷一"南浔之国"条下录语中, "尧为阳精"一句出自《易纬坤灵图》; "叶德乾道"出自《易·乾卦》; "粤若稽古"一句出自《书·尧典》; "惟天为大, 惟尧则之"出自《孟子·滕文公》; "精灵冥昧, 至圣之所不语"出自《论语·述而》; 等等。

除语言方面明显的骈化倾向之外, 萧绮的录语这一独特的评论方式也开创了后世小说评论的滥觞。最早对小说进行评论的当属班固, 他在《汉书·艺文志》单列小说一家, 并著录了古代的小说十五种, 每种小说下还附有一个简略的注语, 是专门论小说家的按语。班固的这一做法, 不但提高了小说的地位, 同时也开创了小说研究的先河。两晋南北朝时期, 郭璞对《山海经》、刘孝标对《世说新语》等的注解可以说是继班固之后对小说的评论性著作。萧绮的录语是在继承和发展了司马迁《史记》"太史公说"和班固《汉书》"传赞"以及汉代以来序、注等主要批评方式的基础上而来的。周中孚说:"录即论赞之别名也。"②《史记》的"太史公说"与《汉书》的"传赞"是

---

① 王允亮:《南北朝文学交流研究》, 博士学位论文, 复旦大学, 2007 年。

② 周中孚:《郑堂读书记》卷六十六小说家类"异闻之属"。

对人物传记等的评论，均放在传记的最后，序是在著作开头对一部作品的总括性评论，注则是对经、史、小说等典籍字、词、句、段等的详细注解，萧绮的录语则介于上述几者之间，是对一个故事或几个故事的内容进行的评论，在中国小说评论史上可以说是首创。可以看到，萧绮在整理《拾遗记》的过程中采用的"录"语这种批评方式，是在继承发展了汉代以来序、注等批评方式的基础上创建的。萧绮的这种基于经史观念影响下的小说理论的突破和具体的分析批评，使得他对于志怪小说的地位和作用有了比较进步的认识，萧绮虽然认为小说《拾遗记》所载与经史有别，但同时也认为作为"记其殊别"也可存在。萧绮从靡丽的语言特色和荒诞不实的内容分析对比中对小说价值的揭示，也使得他成为同时代非常有眼光的小说批评家和研究者。

萧绮之后，这种比"传赞""序"等更为细致，比"注"更为简略的小说批评方式得到了后世更多批评家的青睐。唐代孙光宪的小说集《北梦琐言》中每篇后的"葆光子曰"、宋代刘斧的文言小说集《青琐高议》每篇后的"议曰"等都是对萧绮录语这一小说批评方式的传承。到明清时期，"录"这种小说评论方式在长期的发展过程中，演变成了章回小说中的"回评"，从而使中国古代的小说研究迈上了一个新的台阶。

综上所述，萧绮作为梁代后期的皇室宗亲，他站在儒家正统观念的立场上，本着史家的实录精神对王嘉《拾遗记》进行了多方面的批评，批评内容涉及文意的阐发、文辞的品评、内容的补充以及虚实的考证，萧绮录语中骈俪化的文风、大量典故的运用，反映了齐梁浮靡华丽文风对他的影响，同时也体现出了萧绮作为梁代皇族深厚的文学素养。

附录一　王嘉资料汇编

（梁）释慧皎《高僧传·道安传附王嘉传》：

（晋太元十年，道安未终之前，）隐士王嘉往侯安。安曰："世事如此，行将及人，相与去乎？"嘉曰："诚如所言，师且前行；仆有小债未了，不得俱去。"及姚苌之得长安也，嘉时故在城内，苌与苻登相持甚久。苌乃问嘉："朕当得登不？"答曰："略得。"苌怒曰："得当言得，何略之有！"遂斩之。此嘉所谓负债者也。苌死后，其子兴方杀登，兴字子略，即嘉所谓略得者也。

嘉字子年，洛阳人也。形貌鄙陋，似若不足。本滑稽，好语笑，然不食五谷，清虚服气，人咸宗而事之，往问善恶，嘉随而应答，语则可笑，状如调戏，辞似谶记，不可领解，事过多验。初养徒于加眉谷中，苻坚遣大鸿胪徵不就。及坚将欲南征，遣问休否，嘉无所言，乃乘使者马，佯向东行数百步，因落靴帽，解弃衣服，奔马而还，以示坚寿春之败，其先见如此。及姚苌正害嘉之日，有人于陇上见之，乃遗书于苌。安之潜契神人，皆此类也。（中华书局1992年版）

（唐）房玄龄等《晋书》卷九十五艺术《王嘉传》：

王嘉字子年，陇西安阳人也。轻举止，丑形貌，外若不足，而聪睿内明。滑稽好语笑，不食五谷，不衣美丽，清虚服气，不与世人交游。隐于东阳谷，凿崖穴居，弟子受业者数百人，亦皆穴处。

石季龙之末，弃其徒众，至长安，潜隐于终南山，结菴庐而止。门人闻而复随之，乃迁于倒兽山。苻坚累征不起，公侯已下咸躬往参诣，好尚之士无不师宗之。问其当世事者，皆随问而对。好为譬喻，状如戏调；言未然之事，辞如谶记，当时鲜能晓之，事过皆验。

坚将南征，遣使者问之。嘉曰："金刚火强。"乃乘使者马，正衣冠，徐徐东行数百步，而策马驰反，脱衣服，弃冠履而归，下马踞床，一无所言。使者还告，坚不悟，复遣问之，曰："吾世祚云何？"嘉曰："未央。"咸以为吉。明年癸未，败于淮南，所谓未年而有殃也。人候之者，至心则见之，不至心则隐形不见。衣服在架，履杖犹存，或欲取其衣者，终不及，企而取之，衣架踰高，而屋亦不大，履杖诸物亦如之。

姚苌之入长安，礼嘉如苻坚故事，逼以自随，每事咨之。苌既与苻登相持，问嘉曰："吾得杀苻登定天下不？"嘉曰："略得之。"苌怒曰："得当云得，何略之有！"遂斩之。先此，释道安谓嘉曰："世故方殷，可以行矣。"嘉答曰："卿其先行，吾负债未果去。"俄而道安亡，至是而嘉戮死，所谓"负债"者也。苻登闻嘉死，设坛哭之，赠太师，谥曰文。及苌死，苌子兴字子略方杀登，"略得"之谓也。嘉之死日，人有陇上见之。其所造《牵三歌谶》，事过皆验，累世犹传之。又著《拾遗录》十卷，其记事多诡怪，今行于世。（中华书局1974 年版）

（宋）曾慥《类说》卷三引《王氏列仙传》"未央"条：

王嘉字子年，久在东阳谷口，苻坚征晋，遣人问吉凶。嘉曰："金刚火强。"坚不能解。嘉乘马徐行，因堕靴弃裳，奔马而还。坚又不解，更问世祚。嘉曰："未央。"坚以为吉征。明年岁在癸未，坚大败于寿州，遂亡，是殃在未年也。以秦西居为金，晋都南为火，火能铄金也。姚苌定长安，问嘉"应九五否"？曰："略得。"苌怒诛嘉及二弟子。苌先使人陇右，逢嘉将弟子，计已千余里，正是诛嘉日也。苌令发棺，并无尸，各有竹枝一枚。（文渊阁《四库全书》本）

（宋）张君房《云笈七签》卷一百一十《洞仙传·王嘉》：

王嘉字子年，陇西安阳人也。久在于东阳谷口，携弟子登崖穴处。御六炁，守三一，冬夏不改其服，颜色日少。苻坚累征不就。坚寻大举南征，以弟融为大将军，遣人问嘉。曰："金坚火强。"仍乘使者马，衣冠徐徐东行数百步。因堕其衣裳，奔马而还，踞床而不言。坚又不解，更遣人问世祚云何，嘉曰"未央"。坚欣然以为吉征。明年岁在癸未，坚大败于寿春，遂亡秦国，是殃在未年也。以秦居西为金，晋都南为火，火能铄金也。嘉寻移嵩高山。姚苌定长安，问嘉："朕应九五不?"嘉曰："略当得。"苌大怒曰："小道士答朕不恭!"有司奏诛嘉及二弟子。苌先使人陇右，逢嘉将两弟子，计已千余里，正是诛日。嘉使书与苌。苌令发嘉及二弟子棺，并无尸，各有竹杖一枚。苌寻亡。（中华书局 2003 年版）

（宋）李昉等《太平御览》卷六百六十六：

王嘉字子年，陇西人也。在东阳谷口，凿岸穴居，其徒数百，各自穴处，为人貌短陋，而聪察滑稽，有问世事善恶，终不直说，过率有验。（中华书局 1960 年版）

（宋）司马光《资治通鉴》卷一百五：

陇西处士王嘉，隐居倒虎山，有异术，能知未然，秦人神之。秦王坚、后秦王苌及慕容冲皆遣使迎之。十一月，嘉入长安，众闻之，以为坚有福，故圣人助之，三辅堡壁及四山氐、羌归坚者四万余人。坚置嘉及沙门道安于外殿，动静咨之。（文渊阁《四库全书》本）

（宋）沈枢《通鉴总类》卷十四上"秦王坚惑王嘉异术"：

晋太元九年，陇西处士王嘉隐居倒虎山，有异术，能知未然，秦人神之。秦王坚、后秦王苌及慕容冲皆遣使迎之。嘉入长安，众闻之，以为坚有福，故圣人助之，三辅堡壁及四山氐、羌归坚者四万余人。坚置嘉及沙门道安于外殿，动静咨之。（文渊阁《四库全书》本）

（元）赵道一《历世真仙体道通鉴》卷二十八"王嘉"：

王嘉字子年，陇西安阳人也。轻举止，丑形貌，滑稽好语笑，不食五谷，不衣美丽，清虚服气，不与世人交游。隐于东阳谷，凿崖穴居，弟子数百人，亦穴处。一云：嘉御六气，守三一，冬夏不改其服，颜色日少。季龙之末，弃其徒，潜于终南山，结庵而止。门人复随之，乃迁于倒兽山，好尚之士师宗。问当世之事，随问而对，好为譬喻，如戏调者。言未然之事，辞如谶记，当时人莫能晓，过皆有验。人候之，至心则见，不至心则隐形不见。衣服在架，履杖犹存。或欲取其衣者，终不及。企而取，衣架愈高，而屋亦不大，履杖诸物亦然。秦符坚累征不就。坚寻大举南征，以茅融为大将军，遣人问嘉。嘉曰："金刚火强。"乃乘使者马，正衣冠，徐徐东行数百步，而策马驰反，脱衣服，弃冠履而归，下马踞床而不言。坚又不解，更遣人问："世祚如何？"嘉曰："未央。"坚欣然，以为吉征。明年岁在癸未，坚大败于寿春，遂亡秦国，是央在未年也。以秦居西为金，晋都南为火，火能铄金也。嘉寻移嵩高山。姚苌与符登相持，问嘉曰："吾得杀登定天下否？"嘉曰："略得之。"苌大怒曰："得当云得，何略之有？"遂斩之，及其二弟子。苌先使人陇右，逢嘉将两弟子，已千余里，正是诛嘉日也。嘉使书与苌，苌令发嘉及二弟子棺，并无尸，各有竹杖一枚，苌寻亡。嘉著《拾遗记》十卷，多纪异事，见行世。（《历世真仙体道通鉴》卷二十八，《道藏》第五册，文物出版社、上海书店、天津古籍出版社 1988 年版）

（元）朱象先《终南山说经台历代真仙碑记》"王子年真人"：

真人名嘉，陇西人，晋建兴中披度，灵明照彻，事多先见，知人验物，咸以为神。厥后朔南分裂，列国兢以礼聘，遂隐于山，然犹咨访不绝。年八十七，自言小责未了，姚苌访以国事，乃力诋之，遂为所害。当日友人陇右见之。有《拾遗记》等书行于世。赞曰："小责悬悬尚未终，须教白刃斩春风。陇西若不逢知友，谁识先生是脱空。"（《终南山说经台历代真仙碑记》，《道藏》第十九册，文物出版社、上海书店、天津古籍出版社 1988 年版）

（明）冯惟讷撰《古诗纪》卷四十六"晋"第十六：

王嘉字子年，陇西安阳人。清虚服气，不与世人交游。石季龙之末，至长安，潜隐于终南山，符坚累征不赴，公侯已下，咸躬往参诣。及姚苌入长安，礼嘉如符坚故事，后因事为苌所害。符登闻嘉死，设坛哭之，赠太师，谥文定公。《歌三首》（《晋书本传》曰："嘉死之日，人有垄上见之。其所造《三章歌谶》，事过皆验。"《金陵志》曰："初，王子年著谶，至安帝果，为刘氏所代。"）：帝讳昌明运当极，特申一期延其息。诸马渡江百年中，当值卯金折其锋。欲知其姓草萧萧，谷中最细低头熟。麟身甲体永兴福（《南史》曰："齐太祖高皇帝，讳道成，姓萧氏，未受命时，王子年作此歌。按谷中精细者，稻也，即道也。熟犹成也。"）金刀利刃齐刘之。（金刀，

刘字；刈，犹剪也。）（文渊阁《四库全书》本）

（明）杨慎《丹铅总录》卷十"人品类""王嘉"：

陇西处士王嘉，隐居倒虎山，有异术，符坚迎之入长安。按嘉字子年，今世所传《拾遗记》，嘉所著也。其书全无凭证，直讲虚空。首篇谓"少昊母有桑中之行"，尤为悖乱。嘉盖无德而诡隐，无才而强饰，如今之走帐黄冠，游方羽客，伪药欺人，假丹误俗。是其故智而移于笔札，世犹传信之，深可怪也哉！呜呼，子书之奥妙不传者，何限？而今乃传鬻子、子华子，唐诗之佳而不行者无算，而世乃盛传许浑、胡曾小说之可观者多矣。而《天宝遗事》《杜诗》《伪苏注》至名家亦为所惑，且引用焉噫。（文渊阁《四库全书》本）

（明）王世贞《弇州续稿》卷一百五十九文部《书道经后》"王子年"条：

王子年能预知符坚南伐之必败，而不能守；能预知姚苌之子略得符登，而不能知身之见杀于苌手，此大谬也。岂释氏所谓"还债"耶？将无以述谶纬、谈休咎、为真宰所罪耶？正史不言兵解，恐传者增饰之，其所著《拾遗记》十卷，盖不待毕而知其诡于道也。（上海古籍出版社1993年版）

（明）陈禹谟《骈志》卷十三"王子年示符坚败徵"：

王嘉字子年，时符坚将南征，遣使者问之。嘉曰"金刚火强"。乃乘使者马，正衣冠，徐徐东行数百步，而策马驰反，脱衣服，弃冠履而归，下马踞床，一无所言。使者还告，坚不寤，复遣问之曰："吾世祚云何？"嘉曰"未央"。咸以为吉。明年癸未，败于淮南，所谓未年而有殃也。（文渊阁《四库全书》本）

（明）陈耀文《经济类编》卷九十六：

陇西处士王嘉隐居倒虎山，有异术，能知未然，秦人神之。秦王坚、后秦王苌及慕容冲皆遣使迎之。嘉入长安，众闻之，以为坚有福，故圣人助之，三辅堡壁及四山氐、羌归坚者四万余人。坚置嘉及沙门道安于外殿，动静咨之。（文渊阁《四库全书》本）

（明）陈耀文《正杨》卷三"王嘉"：

陇西处士王嘉，隐居倒处山，有异术。符坚迎之，入长安。按嘉字子年，今世所传《拾遗记》，嘉所著也。其书全无凭证，直构虚空。首篇谓"少昊母有桑中之行"，尤为悖乱。嘉盖无德而诡隐，无才而强饰，如今之走帐黄冠，游方羽客，伪药欺人，假丹误俗，是其故知而移于笔札，世犹传信之，深可怪也哉！呜呼，子书之奥妙不传者何限？而今乃传鹖子、子华子，唐诗之佳而不行者无算，而世乃盛传许浑、胡曾小说之可观者多矣，而《天宝遗事》《杜诗》《伪苏注》至今名家亦为所惑，且引用焉噫。（文渊阁《四库全书》本）

《十六国春秋》卷三十八"苻坚下"：（按：据《四库全书总目提要》，此书为明代的伪书。）

坚遣鸿胪郝稚征处士王嘉于倒兽山，嘉有异术，能知未然，人咸神之，姚苌及慕容冲皆遣使迎之。十一月，嘉入长安，众闻之以为坚有福，故圣人助之。三辅堡壁及四山氐羌归坚者四万余人。坚每日召嘉与道安于外殿，动静咨之。慕容暐入见东堂，稽首谢曰："弟冲不识义方，孤背国恩，臣罪应万死，陛下垂天地之容，臣蒙更生之惠。臣二子昨婚，明当三日，愚欲暂屈銮驾，幸臣私第。"坚许之。暐出，王嘉曰："权芦作蘧蒢不成文章，会天大雨不得杀羊。"言暐将杀坚而不果也。坚与群臣莫之能解。明日大雨，乃不果往。（文渊阁《四库全书》本）

《十六国春秋》卷四十二"王嘉"：

王嘉，字子年，陇西安阳人也。轻举止，丑形貌，外若不足，而聪睿内明，本滑稽好语笑，不食五谷，不衣美丽，清虚服气，不与世人交游，隐于东阳谷，凿崖为穴而居之，诸有从其学者，人各一穴，遂至百余穴。

石虎之末，弃其徒众至长安，潜隐终南山，结菴庐而止之。门人闻而复随，乃迁于倒虎山。坚累征不起，公侯以下咸躬往参诣，好尚之士无不师宗之。问其当世事者，皆随问而对。好为譬喻，状如戏调；言未然之事，辞如谶记，不可领解，事过多验。

初坚将欲南征，遣使者问其休咎。嘉曰："金刚火强。"乃乘使者马，正衣冠，徐徐东行数百步，策马驰反，因脱衣服，弃冠履而归，下马踞床，一无所言。使者还告，坚不悟，复遣问之，曰："吾世祚云何?"嘉曰:"未央。"咸以为吉。明年癸未,败于淮南,所谓未年而有殃也。人候之者,至心则见之,不至心则隐形不见。衣服在架,履杖犹存,或取其衣者,终不及,企而取之,衣架踰高,而屋亦不大,履杖诸物亦如之。

姚苌入长安,礼嘉如坚故事,逼以自随,每事咨之。苌后与登相持,问嘉曰:"吾得杀苻登定天下不?"嘉曰:"略得之。"苌怒曰:"得当云得,何略之有?"遂斩之。先是,释道安谓嘉曰:"世事如此,行将及人,相与去乎?"嘉答曰:"卿且先行,我有小债未了,不得俱去。"俄而道安亡,至是而嘉戮死,所谓负债者也。登闻嘉死,设坛哭之,赠太师,谥曰文。及苌死,苌子兴字子略方杀登,"略得"之谓也。嘉之死,有人于陇上见之,乃遗书于苌。其所造《牵三歌谶》,事过皆验,累世犹传之。又著《拾遗录》十卷,其记事诡怪,今行于世。(文渊阁《四库全书》本)

(清)乾隆《甘肃通志》卷四十一:

王嘉字子年,陇西安阳人。外丑形貌,而聪睿内明。滑稽语笑,不食五谷,清虚服气,不与世人交游。隐于东阳谷,凿崖穴居,弟子亦穴处。石季龙之末,隐于终南山。苻坚累征不起,公侯以下,咸躬往参诣,问其当世事者,皆好为譬喻,状如戏调,言未然之事,辞如谶记,事过皆验。坚将南征,遣使问之。嘉乃乘使者马,正衣冠,东行数百步,而策马驰返,脱衣服,弃冠履而归,下马踞床,一无所言。使者还告,坚不悟,复遣问:"世祚云何?"嘉曰:"未央。"咸以为吉。明年癸未,败于淮南,所谓未年有殃也。人候之者,不至心,则隐形不见。衣服在架,履杖犹存。或欲取其衣者,跂而取之,衣架踰高,而屋亦不大。履杖诸物亦如之。姚苌入长安,与苻登相持,问嘉曰:"吾得杀苻登否?"嘉曰:"略得之。"苌怒曰:"得当云得,何略之有!"遂斩之。先此,释道安谓嘉曰:"世故方殷,可以行矣!"嘉答曰:"卿其先行,吾负债未果去。"俄而道安亡,至是而嘉戮死,所谓"负债"者也。苌子兴字子略,方杀登,"略得"之谓也。嘉之死日,人有陇上见之。(文渊阁《四库全书》本)

附录二 《拾遗记》资料汇编

（梁）萧绮《拾遗记序》：

《拾遗记》者，晋陇西安阳人王嘉字子年所撰，凡十九卷，二百二十篇，皆为残缺。当伪秦之季，王纲迁号，五都沦覆，河洛之地，没为戎墟，宫室榛芜，书藏堙毁。荆棘霜露，岂独悲于前王，鞠为禾黍，弥深嗟于兹代！故使典章散灭，黉馆焚埃，皇图帝册，殆无一存，故此书多有亡散。文起羲、炎已来，事讫西晋之末，五运因循，十有四代。王子年乃搜撰异同，而殊怪必举，纪事存朴，爱广尚奇，宪章稽古之文，绮综编杂之部，《山海经》所不载，夏鼎未之或存，乃集而记矣。辞趣过诞，音旨迂阔，推理陈迹，恨为繁冗；多涉祯祥之书，博采神仙之事，妙万物而为言，盖绝世而弘博矣！世德陵夷，文颇缺略。绮更删其繁紊，纪其实美，搜刊幽秘，捃采残落，言匪浮诡，事弗空诬，推详往迹，则影彻经史，考验真怪，则叶附图籍。若其道业远者，则辞省朴素；世德近者，则文存靡丽；编言贯物，使宛然成章。数运则与世推移，风政则因时迴改。至如金绳鸟篆之文，玉牒虫章之字，末代流传，多乖曩迹，虽探研镌写，抑多疑误。及言乎政化，讹乎祯祥，随代而次之。土地山川之域，或以名例相疑；草木鸟兽之类，亦以声状相感；随所载而区别，各因方而释之，或变通而会其道，宁可采于一说！今搜捡残遗，合为一部，凡一十卷，序而录焉。（齐治平校注《古小说丛刊》本《拾遗记》，中华书局1981年版）

（唐）刘知几《史通》卷十《内篇·杂述第三十四》：

逸事者，皆前史所遗，后人所记，求诸异说，为益实多。及妄者为之，则苟载传闻，而无铨择。由是真伪不别，是非相乱。如郭子横之《洞冥》，王子年之《拾遗》，全构虚辞，用惊愚俗，此其为弊之甚者也。（齐治平校注《古小说丛刊》本《拾遗记》，中华书局 1981 年版）

（宋）晁载之《续谈助》引张柬之《洞冥记跋》：

昔葛洪造《汉武内传》《西京杂记》、虞义造《王子年拾遗录》，王俭造《汉武故事》，并操斛凿空，恣情迂诞，而学者耽阅，以广闻见，亦各其志，庸何伤乎！（齐治平校注《古小说丛刊》本《拾遗记》，中华书局 1981 年版）

（宋）晁公武《郡斋读书志》卷第九传记类：

王子年《拾遗记》十卷。右梁萧绮叙录。晋王嘉，字子年，尝著书百二十篇，载伏羲以来异事，前世奇诡之说。书逸不完，绮拾缀残阙，辑而叙之。（上海古籍出版社 1990 年版）

（宋）陈振孙《直斋书录解题》卷十一小说家类：

《拾遗记》十卷。晋陇西王嘉子年撰，萧绮序录。又《名山记》一卷，亦称王子年，即前之第十卷。大抵皆诡诞。嘉，符秦时人，见《晋书·艺术传》。（上海古籍出版社 1987 年版）

（宋）王应麟《玉海》卷五十七“艺文”：

晋《拾遗记》：《晋·艺术传》（见录类），《中兴书目·别史类》，晋王嘉撰著《拾遗记》十卷，事多诡怪，今行于世。梁萧绮《序》云：“本十九卷，书后残缺，绮因删集为十卷。”（文渊阁《四库全书》本）

（宋）王应麟《玉海》卷五十八“晋《拾遗录》”下：

《王嘉传》字子年，著《拾遗录》十卷，记事多诡怪。《唐志》三卷又《拾遗记》十卷。萧绮录。（王嘉所撰凡十九卷二百二十篇，《绮合为十卷》）《集贤注》记天宝六载十二月，敕索《孝经钩命决》《王子年拾遗》《任子道论》等四十余部以进。（文渊阁《四库全书》本）

（宋）王应麟《困学纪闻》卷十“地理”：

《三辅黄图》所载“灵金内府”及“天禄阁青藜杖”，皆王嘉《拾遗记》谲诞之说。程泰之谓《黄图》，盖唐人增续成之。（［原

注］《水经注》引《黄图》，今本所无。）（上海古籍出版社 2008年版）

（宋）李复《潏水集》卷四《又回赵子强书》：

辱书《王子年拾遗》等事，子年名嘉，乃苻坚、姚苌时人。隐于东阳谷，凿穴而居，弟子受业者百余人，皆穴处。季龙兵乱，弃其徒众，迁于倒兽山。今在华州渭南县，一名互象山。后不知所终。其书多荒怪不可考，乃庄周所谓"齐谐"者也。（文渊阁《四库全书》本）

（元）马端临《文献通考·经籍考》子部小说家：

《王子年拾遗记》十卷。萧绮叙录，晋王嘉，字子年，尝著书二百十篇，载伏羲以来异事前世奇诡之说，书逸不完，绮掇拾残缺而叙之。（中华书局 1986 年版）

（明）陆深《俨山外集》卷二十四《史通会要上·品流第三》：

乃有好奇之士，乐为补亡。和峤《汲冢记年》，葛洪《西京杂记》，顾协《璪语》，谢绰《拾遗》，此之谓逸事。夫逸事，皆前史所遗，多益撰述。及妄者为之，则殽乱难据。世有郭子横之《洞冥》，王子年之《拾遗》，全构虚词，徒惊愚俗，甚哉其弊也。（文渊阁《四库全书》本）

（明）杨慎《丹铅总录》卷十九诗话类《伪书误人》：

刘子玄曰："郭子横《洞冥记》、王子年《拾遗记》，全构虚辞，用惊愚俗。"卓哉，子玄之见也。余推其余，如任防《述异记》、殷芸《小说》、沈约《梁四公子记》，唐人《杜阳杂编》《天宝遗事》，宋人《云仙散录》《清异录》，杜《诗》，伪《苏》注，盛行于时，殊误学者。司马公作《通鉴》亦误取《天宝遗事》，况下此者乎。（文渊阁《四库全书》本）

（明）胡应麟《少室山房笔丛》卷三十二《四部正讹》下：

《拾遗记》称王嘉子年，萧绮传录，盖即绮撰而托之王嘉。中所记无一事实者，皇娥等歌，浮艳浅薄，然词人往往用之，以境界相近故。又《名山记》，亦赝作，今不传。（中华书局 1958 年版）

（明）胡应麟《少室山房笔丛》卷三十四《三坟补逸》下：

《宾退录》云……按赵与时以二说互异为疑，非也。《传》中八验之名，已见引于《列子》。况《拾遗记》王嘉所载，皆一时私意诡撰，曷足征哉。（中华书局 1958 年版）

（明）胡应麟《少室山房笔丛》卷三十八《华阳博议》上：

张、刘诸子，世推博极，此仅一班，至郭宪、王嘉全构虚词，亡征实学，斯班氏所以致讥，子玄因之绝倒者也。 （中华书局 1958 年版）

（明）顾春世德堂本《拾遗记跋》：

王子年《拾遗记》十卷，上溯羲、农，下沿典午，旁及海外瑰奇诡异之说，无不具载。萧绮复节为之录，搜抉典坟，符证秘隐，词藻斐然。予因刻置家塾。或有讶其怪诞无稽者。噫！邵伯温有云："四海九州之外，何物不有，特人耳目未及，辄谓之妄"，矧邃古之事，何可必其为无耶？博洽者固将有所取矣。嘉靖甲午春三月东沧居士吴郡顾春识。（齐治平校注《古小说丛刊》本《拾遗记》，中华书局 1981 年版）

（清）王钺《读书丛残》卷之上《读拾遗记》：

晋王嘉子年著《拾遗记》，据萧绮序称其书 19 卷，今存者 10 卷。其书辞趋诡谲，音旨浮诞。其记事起义炎讫西晋，目以《拾遗》为名，事以异同著迹，有奇必采，有异必书，盖根抵于《山海经》《穆天子传》而甚焉者。据称子年清虚服气，不食五谷，又能知过去未来事，后为姚苌所害，则曰："吾负债未偿也。"然子年既已游心世外，假灵道诀，又复涉翰墨之场竞述作之林，欲以诧当时而名后世，何也？将实有所见不能已于此耶，抑徒为是画鬼之工使，夫阅者无从稽考也。嘻，惑已。（《四库全书存目》本）

《晋书》卷九十五《考证》引（清）汪士汉《拾遗记序》：

汪士汉云，（王子年《拾遗记》）原书一十九卷，共二百二十篇，所载伏羲以来异事、前世奇诡之说。书逸不完，萧绮缀拾残缺而叙之，今约为十卷。（文渊阁《四库全书》本）

（清）王谟《汉魏丛书·拾遗记跋》：

右王嘉《拾遗记》，梁萧绮录，共十卷。《文献通考》又以《拾遗记》第十卷别为《名山记》一卷，实祇一书，卷数分合不同尔。嘉字子年，陇西人，后秦姚苌方士，有传列《晋书·艺术》，亦言其《拾遗记》记事多诡怪。昔太史公尝病百家言皇帝，文不雅驯；而嘉乃凿空着书，专说伏羲以来异事。其甚者，至以《卫风·桑中》托始皇娥，为有淫佚之行。诬罔不道如此，其见杀于苌，非不幸也！二《志》厕之《杂史》，谬矣！《通考》以入《小说家》，尚为近之。汝上王谟识。（齐治平校注《古小说丛刊》本《拾遗记》，中华书局1981年版）

（清）永瑢《四库全书总目》卷五十一史部七"杂史类"卷首：

《杂史》之目，肇于《隋书》。盖载籍既繁，难以条析。义取乎兼包众体，宏括殊名。故王嘉《拾遗记》《汲冢琐语》得与《魏尚书》《梁实录》并列，不为嫌也。然既系史名，事殊小说，著书有体，焉可无分。今仍用旧文，立此一类。凡所著录，则务示别裁，大抵取其事系庙堂，语关军国。或但具一事之始末，非一代之全编；或但述一时之见闻，只一家之私记，要期遗文旧事，足以存掌故，资考证，备读史者之参稽云尔。若夫语神怪，供诙啁，里巷琐言，稗官所述，则别有杂家、小说家存焉。（中华书局1965年版）

（清）永瑢《四库全书总目》卷一百四十二子部五十二"小说家类"三：

《拾遗记》十卷。（内府藏本）秦王嘉撰。嘉字子年，陇西安阳人。事迹具《晋书·艺术传》。故旧本系之晋代，然嘉实苻秦方士。是时关中云扰，与典午隔绝久矣，称晋人者，非也。其书本十九卷，二百二十篇。后经乱亡失残缺。梁萧绮搜罗补缀，定为十卷，并附著所论，命之曰《录》，即此本也。绮序称："文起羲、炎以来，事迄西晋之末。"然第九卷记石虎燋龙至石氏破灭，则事在穆帝永和六年之后，入东晋久矣。绮亦约略言之也。嘉书盖仿郭宪《洞冥记》而作，其言荒诞，证以史传皆不合。如"皇娥宴歌"之事、"赵高登仙"之说，或上诬古圣，或下奖贼臣，尤为乖迕。绮《录》亦附会其词，无所纠正。然历代词人取材不竭，亦刘勰所谓："事丰奇伟，辞富膏腴，无益经典，而有助文章"者欤？《虞初》九百，汉人备

录。六朝旧笈，今亦存备采掇焉。（中华书局 1965 年版）

（清）永瑢《四库全书简明目录》卷十四子部十一"小说家类异闻"：

《拾遗记》十卷。秦王嘉撰。原本十九卷二百二十篇，经乱佚阙，梁萧绮缀拾残文，编为十卷，并为之序、录，录即论赞之别名也。所记上起三皇，下迄石虎事迹，十不一真，而词条艳发，摘华掞藻者，挹取不穷。（上海古籍出版社 1985 年版）

（清）周中孚《郑堂读书记》卷六十六子部十二之四"小说家"类四：

《拾遗记》十卷。（《汉魏丛书》本）秦王嘉撰。（嘉字子年，陇西安阳人。能前知，为姚苌所杀。符登赠太师，谥曰文。旧本题晋代，非也。）《四库全书》著录。《隋志》（杂史类）作《拾遗录》二卷，新、旧《唐志》（杂史类）俱作《拾遗录》三卷，又《拾遗记》十卷，注云"萧绮录"。《崇文目》（传记类）、《读书志》（传记类）、《书录解题》《通考》《宋志》俱作《拾遗记》十卷，盖子年撰而绮叙录，故二《唐志》俱分载也。据绮序，知王氏书本十九卷，二百二十篇。经乱佚阙，绮掇拾残文，编为十卷，并为之录。录即论赞之别名也。然则隋，《唐志》所载二卷、三卷之本，亦非子年之原书矣。所记上起三皇，下迄石虎，事迹奇诡，十不一真，徒以辞条丰蔚，颇有资予词章。至绮所论断，虽为畅达，亦不过扬其颓波耳。《秘书二十一种》亦收入之。《历代小史》所收，有记无录。《说郛》仅节录一卷云。（齐治平校注《古小说丛刊》本《拾遗记》，中华书局 1981 年版）

（清）瞿镛《铁琴铜剑楼藏书目录》卷一子部五"类书类"：

《拾遗记》十卷（明刊本）伪秦方士王嘉撰。《隋志》作"萧绮撰"。记上古至晋时异事。末卷，记诸名山。王子年书，本二卷，其有《论语》低一行加"录曰"二字者，为绮所作，前有绮序，旧藏邑人孙岷自家。卷末记云："是书有大父校本，此其副也。"（卷末有"孙江之印"朱记。）（《续修四库全书》本）

（清）谭献《复唐日记》卷五：

《拾遗记》，艳异之祖，恢谲之尤，文富旨荒，不为典要，予少时之论如此。今三复乃见作者之用心。奢虐之朝，阳九之运，述往事以讥切时王，所谓陈古以刺今也。篇中于忠谏之辞，兴亡之迹，三致意焉。萧绮附录，大义轨于正道，是非不谬于圣人者已。又按篇记异物，辄详所出，盖皆自注语，传写误连正文耳。（齐治平校注《古小说丛刊》本《拾遗记》，中华书局 1981 年版）

（清）范邦甸《天一阁书目》卷三之二子部小说类：

《王子年拾遗记》十卷（刊本）。萧绮录，并序云："《拾遗记》者，晋陇西安阳人王嘉字子年所撰，凡十九卷二百二十篇，皆为残缺，今搜检残遗合为一部十卷，序而录焉。"（《续修四库全书》本）

（清）丁丙《善本书室藏书志》卷二十一子部十一：

《王子年拾遗记》十卷（明刊本）。萧绮序录。记本秦王嘉撰。原本十九卷二百二十篇，经乱佚阙，梁萧绮掇拾残剩，编作十卷，并为序录，录即论、赞之别名。上起三皇下至石虎事迹，半属子虚，但取词藻鲜艳耳。书系仿宋讳多阙笔，有"乐意轩吴氏藏书"印、"吴芝愚竹居"诸印。（《续修四库全书》本）

（清）丁国钧《补晋书艺文志》乙部史录史考：

《拾遗记》十卷，（王嘉）谨按见《隋志》旧题"萧绮撰"（"撰"当从《唐志》作"录"），绮序云："本十九卷，书后残缺因删，集为十卷。"

《拾遗录》两卷，（王嘉）谨按见《隋志》，旧题"伪秦方士王子年撰"，子年，嘉字也。（两唐《志》著录三卷）（《二十五史补编》）

（清）黄逢元《补晋书艺文志》史录杂史：

《拾遗录》三卷。（伪秦姚苌方士陇西王嘉字子年撰。）

本《隋志》列杂史，唐新旧《志》同《通考》作十卷，列子部小说，《宋志》同。嘉《艺术》有传，本作十卷，今存，萧绮缀定，本之十卷，题作《拾遗记》。（《二十五史补编》）

（清）杨守敬《日本访书志》卷八：

《王子年拾遗记》十卷。（明翻北宋本）每半叶十行，行十八字，前有总目。本书首题"王子年拾遗记"，卷第一次行题"萧绮序录"，三行以下萧绮序，序后庖牺、神农、黄帝、少昊、高阳、高辛、唐尧、虞舜八子目，目后再题"春皇庖牺"。条目以下每卷皆先子目后条目，盖犹唐人卷轴本之式。篇中"殷、让、弘、祯、辕"五字缺笔，字体端雅，盖北宋精本也。《汉魏丛书》刻此本，删其每卷子目，而以萧绮序置卷一之前，已大失古式。《秘书廿一种》亦然。迩来崇文书局又从秘书本翻刻，而讹谬尤甚。如"汉明帝阴贵人"，丛书本误"阴"为"因"，局本亦仍之。又如"始皇起云明台"，宋本自为一条，秘书本亦同。丛书本因前条字抵行末不便跳行，局本遂连上为一条，而不顾文之不相续吁。官刻局书草率乃尔承，学者将何取则焉。

又按胡应麟《二酉缀遗》谓即萧绮所作，托名子年其语，似是。然隋、唐并有《王子年拾遗录》三卷，又有萧绮《王子年拾遗记》十卷。据萧绮序录称，子年原书十九卷，残缺，绮搜拾为一十卷，则隋、唐《志》所载之三卷必仍是子年原书，而无萧绮卷中录论之文，但又残缺，只存三卷耳。胡氏故为高论以矜其具眼，而不校隋、唐《志》三卷之录，失之目睫也。

又按此本虽原于北宋，而以《太平广记》所引校之，则此远不逮焉。虽其中有两通者，亦有《广记》夺误者，然细校其文字，则彼所据者，当是唐人所遗。如周"成王泥离国"条，"视日月以知方国所向"，《广记》引上文有"或泛巨水"四字；"汉成帝飞燕"条，"帝以翠缨结飞燕之裾"，《广记》引此下有"游倦乃返，飞燕后渐见疏，常怨恚曰云云"，今本"裾下"即接"怨曰"，不可通矣；"魏明帝昆明国"条，"宫人相嘲曰'不服辟寒金，那得君王心'"，《广记》引此下有"不服辟寒金钿，那得君王怜"二句；"蜀周群"条，"蜀人谓之后圣"，《广记》引止此，其下白猿云云，自相驳诘，必后人识语。萧绮所录，百无一真，其迂诞岂独此条。又"晋武帝条何必木偶于心识乎"，文义难解，《广记》引作"何必木之偶，而无心识者乎"，此皆明明脱误，其他异同以数百计。（周灵王昆昭台一条，脱百余字。）别详札记。

又按此书次第条目多无义例，往往有数事合为一条者，《广记》

分引之是也。然不敢谓萧氏原书必无不合，如晋文焚林不与师旷相俪，乃置周灵王之前，以鲁僖标目刘向校书，不置汉成之后，乃挤于郭况、贾逵间。魏任城明帝之朝，而载建安三年（1981）胥徒国献沈明石鸡，魏帝为陈留王之岁而云太始四年频斯国来朝，皆时代乘迕，条理莫知，仍不能不以断烂为辞矣。

（清）杨守敬《日本访书志》卷八：

《王子年拾遗记》十卷。（明嘉靖甲午仿宋本。）明顾氏重刊，目录二叶，目录之后有顾氏世德堂刊八分书木记。首行题"王子年拾遗记"，卷第一次行题"萧绮序录"，以下重格序文，序后低三格分二行排写庖牺、神农、黄帝、少昊、高阳、高辛、唐尧、虞舜八目，再下一行低四字题"春皇庖牺"。每半叶十行，行十八字，左右双边，卷中避弘、殷、让、辕、祯等字，"桢"字或记以"御名"二字，盖原于宋仁宗时刊本也。末有嘉靖四年顾春跋，接刊于后序之后，程荣《汉魏丛书》即取原此本，而移萧绮之序录于目录之前，又每卷删其总目，大失古式，亦间有臆改处，安得好事以此本重刊而远宋本之旧乎？按顾氏尝刻荀、庄、列、杨、文、中子，世称"世德堂六子本"是也。愚谓六子本虽善，然多改换原刻，面目不如此本之精雅也。此书日本有两部，一为狩谷望之所藏，有明钱谷叔宝之印，余此本得之森立之，有"东石黄氏藏书籍"六字，立之甚宝爱，余屡求而后得之。（《续修四库全书》本）

鲁迅《中国小说史略》第六篇《六朝之鬼神志怪书》下：

《拾遗记》十卷，题晋陇西王嘉撰，梁萧绮录。《晋书·艺术列传》中有王嘉，略云，嘉字子年，陇西安阳人，初隐于东阳谷，后入长安，苻坚累征不起，能言未然之事，辞如谶记，当时鲜能晓之。姚苌入长安，逼嘉自随；后以答问失苌意，为苌所杀（约公元390年）。嘉尝造《牵三歌谶》，又著《拾遗录》十卷，其事多诡怪，今行于世。传所云《拾遗录》者，盖即今记，前有萧绮序，言书本十九卷，二百二十篇，当苻秦之季，典章散灭，此书亦多有亡，绮更删繁存实，合为一部，凡十卷。今书前九卷起庖牺迄东晋，末一卷则记昆仑等八仙山，与序所谓"事迄西晋之末"者稍不同。其文笔颇靡丽，

而事皆诞谩无实，萧绮之录亦附会，胡应麟（《笔丛》三十二）以为"盖即绮撰而托之王嘉"者也。（上海古籍出版社1998年版）

袁行霈、侯忠义《中国文言小说书目》：

《拾遗记》十卷（存）。前秦王嘉撰，梁萧绮录。

《隋志》史部杂史类有《拾遗录》二卷，题伪秦姚苌方士王子年撰。又著录有《王子年拾遗记》十卷，题萧绮撰。《旧唐志》乙部杂史类有《拾遗记》三卷，王嘉撰，《新唐志》同。又有《拾遗记》十卷，萧绮撰，《新唐志》作萧绮录。《四库全书总目》著录《拾遗记》十卷，秦王嘉撰，入子部小说家类。

明嘉靖乙酉顾氏思玄堂刊本；《汉魏丛书》本；稗海本；《古今逸史》本；《广汉魏丛书》本；《秘书廿一种》本；《增订汉魏丛书》本；《子书百家》本；1981年中华书局齐治平注本。

《拾遗记》首卷萧绮序云：原书本十九卷，二百二十篇。符秦末年经战乱佚阙，萧绮缀拾残文，定为十卷，并为之"录"。据此，《拾遗记》《拾遗录》实即一书。明胡应麟《少室山房笔丛》卷三十三云："盖即萧绮，而托之王嘉者。"观其文笔绮丽，颇类齐、梁以下小说，胡氏之说不为无见。今书前九卷自庖羲、神农至东晋，记载神话、传说，名人异事，末卷记昆仑等九仙山。（北京大学出版社1981年版）

程毅中《古小说简目》：

《拾遗录》（拾遗记、王子年拾遗记），存。有《稗海》本，齐治平校注本（中华书局版）。后秦王嘉撰。梁萧绮录。

《隋书·经籍志》杂史类著录《拾遗录》二卷，注："伪秦姚苌方士王子年撰，"又有《王子年拾遗记》十卷，注："萧绮撰。"似二卷本为王嘉撰，十卷本为萧绮增订。两《唐志》杂史类两本俱著录，惟《拾遗录》作三卷。《直斋书录解题》作《拾遗记》，始列入小说类，十卷，云："晋陇西王嘉子年撰，萧绮序录。"另著录王子年《名山记》一卷，见下。《四库全书》著录十卷本，列入小说家类异闻之属，仍题秦王嘉撰。宋晁载之《续谈助》卷一《洞冥记跋》引张柬之说"虞义造《王子年拾遗录》"，不知何据。（中华书局1981

年版）

程毅中《古小说简目》：

《名山记》，存。有《五朝小说》本，题《拾遗名山记》。后秦王嘉撰。《直斋书录解题》小说类著录，一卷，云："亦称王子年，即前（按：前书指王嘉《拾遗记》）之第十卷。大抵皆诡诞。嘉，苻秦时人，见《晋书·艺术传》。"（中华书局1981年版）

宁稼雨《中国文言小说总目提要》志怪类：

《拾遗记》（《拾遗录》《王子年拾遗记》）

十六国志怪小说。后秦王嘉撰，梁萧绮录。《隋书·经籍志》杂史类著录《拾遗录》二卷，注："伪秦姚苌方士王子年撰。"并录《王子年拾遗记》十卷，注："萧绮撰。"两《唐志》杂史类两本并录，惟《拾遗录》误作三卷。《直斋书录解题》小说类著录《拾遗记》十卷，云："晋陇西王嘉子年撰，萧绮序录。"另著录王子年《名山记》（见该条）。《四库全书总目》小说家著录十卷本，仍题王嘉撰。据本书萧绮序，王嘉《拾遗记》原为十九卷，二百二十篇。苻秦末年，经战乱佚阙，萧绮缀拾残文，补为十卷，并为之作"录"，即论赞。周中孚《郑堂读书记》以为历代著录之二卷、三卷及十卷本，均非王嘉原书，而系十九卷残缺者之不同传本，明胡应麟《少室山房笔丛·四部正讹下》谓乃萧绮托名王嘉而作。宋晁载之《续谈助·洞冥记跋》引张柬之语，称虞义造《王子年拾遗录》，均无确证，仍以王嘉撰为是。嘉字子年，陇西安阳（今甘肃渭源）人。以方术著名。后赵石虎末至长安，隐于终南山、倒虎山。前秦苻坚累征不起，后秦姚苌颇礼子年，但因预言不吉遭杀。事具《晋书·王嘉传》。按姚苌384年至393年在位，则子年卒在此间。本书今传十卷本有明世德堂翻宋本及《古今逸史》《稗海》《汉魏丛书》等丛书本，《历代小说》本虽一卷，然与十卷本同。另《类说》、涵芬楼本《说郛》中均有节录。中华书局1981年出版齐治平校注本，方便完备。

本书前九卷全记历史轶闻，上起庖牺，下迄石赵。卷十专记名山，后人别为《名山记》一卷。全书大略包含神话故事、历史传说、奇闻秩事三类内容。所记神话故事多为人熟知，如青虹绕神母而生庖牺，昌意遇黑龙负玄玉而生颛顼，黄帝鼎湖登仙等。亦有择异铸新者，如卷二记鲧自沉化为黄鱼，见者谓为"河精"事，与历来谓鲧被殛于羽山，化为黄熊之说不同。卷三记周穆王驾八骏巡天下，会西王母事，系本《汉武内传》而成，其中八骏之名和穆王会西王母事，与《穆天子传》《列子·周穆王篇》所记不同。其历史传说往往借历史人名，任意虚构，或指斥弊政，或力颂神仙。前者如卷七记魏文帝选民女薛灵芸入宫，卷九记晋石崇妻妾成群事，皆可见暴君权贵淫佚生活。尤其卷五"怨碑"条记秦始皇将民工并奇珍异宝殉葬，写出始皇残暴奢靡，并以冢开后民工不死，隐喻劳工反抗精神永在，很有社会意义。后者如卷三有关西施传说，记叙夷光、修明（即西施、郑旦，见本书注）助越灭吴，并成神女为人所祠。按据秦汉以来诸书记载，西施为春秋以来相传美女，至东汉《吴越春秋》和《越绝书》中将其附会吴越事中，方广传于事。本书记载此事于渲染神仙气氛中，又含有扶正除邪之意。其他如老子、介子推、鬼谷子、张华等人传说，无不将人神化。书中部分怪异事物想象奇特，稍有科学幻想性质。如关于唐尧时"贯月槎"或"挂星槎"记载，邓拓《燕山夜话·宇宙航行的古老传说》认为是最古宇宙航行传说；所记秦始皇时宛渠园螺舟，又与今潜水艇相似。又如帝颛顼"曳影之剑"颇似今导弹；周灵王时"玉人"，又似今机器人雏形，颇可见古人想象力之惊人。

本书文字绮丽，辞藻丰茂。如刘勰所谓"事丰奇伟，辞富膏腴"。其内容之夸诞与文辞之糜丽相得益彰，更富奇趣。铺彩错金，炫人心目。故为后人乐道。如卷八白猿幻化为人故事，为唐《补江总白猿传》一类猿化人小说所本。卷六刘向校书、贾逵诵经，卷八吕蒙学《易》事等，亦为后人常用不衰。《四库提要》谓其："历代词人，取材不竭。"良为确语。（齐鲁书社 1996 年版）

宁稼雨《中国文言小说总目提要》志怪类：

《名山记》（《拾遗名山记》）

十六国志怪小说。后秦王嘉撰。即王嘉《拾遗记》第十卷。陈振松《直斋书录解题》："《拾遗记》十卷，晋陇西王嘉子年撰，萧绮叙录。又《名山记》一卷，亦称王子年，即前之第十卷。"现有《五朝小说》本，题《拾遗名山记》。

　　本书所记名山指昆仑、蓬莱、方丈、瀛洲、员峤、岱舆、昆吾、洞庭等八座仙山，多记山中奇景异物及有关神话传说。其奇异事内容丰富，凡植物、动物、矿产无所不包，令人目不暇接。其神话传说亦多有异辞，如"洞庭山"记采药人入山采药遇仙女事，与《列仙传》所记入洞遇仙事相类，又增以男女情事。《搜神后记》中袁相根硕故事、《幽明录》中刘晨阮肇事等，均与此相类。又如干将莫邪故事，记吴国武库兵器为兔所食，乃猎雌雄双兔、取其铁胆肾，铸为干将、莫邪二剑，则与《列异传》《搜神记》诸书所记不同，另富奇趣。（齐鲁书社1996年版）

参考文献

古籍

袁珂：《山海经校注》，上海古籍出版社 1980 年版。

（汉）司马迁：《史记》，中华书局 1959 年版。

（汉）班固：《汉书》，中华书局 1962 年版。

（汉）董仲舒：《春秋繁露》，岳麓书社 1997 年版。

（晋）王嘉撰，（梁）萧绮录，齐治平校注：《拾遗记》，中华书局 1981 年版。

（晋）干宝撰，汪绍楹校注：《搜神记》，中华书局 1979 年版。

（晋）皇甫谧：《帝王世纪》，商务印书馆中华民国二十五年六月版。

（梁）释慧皎撰，汤用彤校注：《高僧传》，中华书局 1992 年版。

（梁）沈约：《宋书》，中华书局 1974 年版。

（北魏）崔鸿：《十六国春秋》，中华书局 1985 年版。

（北齐）魏收：《魏书》，中华书局 1974 年版。

（唐）房玄龄：《晋书》，中华书局 1974 年版。

（唐）令狐德棻：《周书》，中华书局 1971 年版。

（唐）刘知几撰，（清）浦起龙通释，吕思勉评：《史通》，上海古籍出版社 2007 年版。

（宋）李昉等编：《太平御览》，中华书局 1960 年版。

（宋）王钦若、杨亿等：《册府元龟》，中华书局 1960 年版。

（宋）李昉等编：《太平广记》，中华书局 1961 年版。

（明）胡应麟：《少室山房笔丛》，上海书店出版社 2001 年版。

（明）孙毂：《古微书》，文渊阁《四库全书》本。

（清）纪昀等：《四库全书总目》，中华书局 1965 年版。

（清）严可均：《全上古三代秦汉三国六朝文》，中华书局 1987年版。

（清）汤球：《十六国春秋辑补》，中华书局 1985 年版。

（清）章学诚著，叶瑛校注：《文史通义校注》，中华书局 1985年版。

（清）梁启超：《中国历史研究法》，上海古籍出版社 1998 年版。

《道藏》，文物出版社、上海出版社、天津出版社三家联合 1988年影印。

［日］安居香山、中村璋八辑：《纬书集成》，上海古籍出版社1994 年版。

近现代著作

陈国符：《道藏源流考》，中华书局民国三十八年版。

刘叶秋：《魏晋南北朝小说》，中华书局 1961 年版。

范文澜：《中国通史》，人民出版社 1978 年版。

钱钟书：《管锥编》，中华书局 1979 年版。

袁行霈、侯忠义：《中国文言小说书目》，北京大学出版社 1981年版。

程毅中：《古小说简目》，中华书局 1981 年版。

宗白华：《美学散步》，上海人民出版社 1981 年版。

王瑶：《中古文学史论》，北京大学出版社 1982 年版。

李鼎文、林家英、颜廷亮等：《甘肃古代作家》，甘肃人民出版社1982 年版。

刘叶秋：《古典小说笔记论丛》，南开大学出版社 1985 年版。

何新：《诸神的起源》，生活·读书·新知三联书店 1986 年版。

丁山：《中国古代宗教神话考》，上海文艺出版社 1988 年据龙门联合书局 1961 年版影印。

刘成淮：《中国上古神话》，上海文艺出版社 1988 年版。

侯忠义:《汉魏六朝小说史》,春风文艺出版社 1989 年版。

张寅德编选:《叙事学研究》,朱毅译,中国社会科学出版社 1989 年版。

任继愈:《中国道教史》,上海人民出版社 1990 年版。

钟肇鹏:《谶纬论略》,辽宁教育出版社 1991 年版。

曹道衡、沈玉成:《南北朝文学史》,北京人民文学出版社 1991 年版。

洪涛:《三秦史》,复旦大学出版社 1992 年版。

萧兵:《古代小说与神话》,辽宁教育出版社 1992 年版。

吴志达:《中国文言小说史》,齐鲁书社 1994 年版。

石昌渝:《中国小说源流论》,生活·读书·新知三联书社 1994 年版。

董乃斌:《中国古典小说的文体独立》,中国社会科学出版社 1994 年版。

宁稼雨:《中国文言小说总目提要》,齐鲁书社 1996 年版。

王恒展:《中国小说发展史概论》,山东教育出版社 1996 年版。

浦安迪:《中国叙事学》,北京大学出版社 1996 年版。

汤用彤:《汉魏两晋南北朝佛教史》,北京大学出版社 1997 年版。

杨义:《中国叙事学》(《杨义文存》第一卷),人民出版社 1997 年版。

王枝忠:《汉魏六朝小说史》,浙江古籍出版社 1997 年版。

鲁迅:《中国小说史略》,上海古籍出版社 1998 年版。

袁珂:《中国神话史》,上海文艺出版社 1998 年版。

邵宁宁、王晶波:《说苑奇葩》,甘肃教育出版社 1999 年版。

张庆民:《魏晋南北朝志怪小说通论》,首都师范大学出版社 2000 年版。

孙逊:《中国古代小说与宗教》,复旦大学出版社 2000 年版。

王平:《中国古代小说叙事研究》,河北人民出版社 2001 年版。

陈文新:《文言小说审美发展史》,武汉大学出版社 2002 年版。

刘志伟:《魏晋文化与文学论考》,甘肃人民出版社 2002 年版。

闻一多：《神话研究》，巴蜀书社 2002 年版。

杨义：《中国古典小说史论》，中国社会科学出版社 2004 年版。

李剑国：《唐前志怪小说史》，天津教育出版社 2005 年版。

王青：《西域文化影响下的中古小说》，中国社会科学出版社 2006 年版。

刘守华：《道教与中国民间文学》，中国友谊出版公司 2008 年版。

苟波：《仙境 仙人 仙梦——中国古代小说中的道教理想主义》，巴蜀书社 2008 年版。

李丰楙：《仙境与游历：神仙世界的想象》，中华书局 2010 年版。

李丰楙：《忧与游：六朝隋唐仙道文学》，中华书局 2010 年版。

王青：《中国神话研究》，中华书局 2010 年版。

论文

1. 期刊论文

玄珠（茅盾）：《人类学派神话起源的解释》，《文学周报》1928 年第六卷，第 548 页。

左海：《拾遗记》，《齐鲁学刊》1941 年第 2 期。

范宁：《论魏晋时代知识分子的思想分化及其社会根源》，《历史研究》1955 年第 4 期。

苏丰、江夏：《志怪小说作家王嘉》，《甘肃日报》1961 年 5 月 27 日。

颜廷亮：《王嘉》，《甘肃文艺》1980 年第 5 期。

古钟：《拾遗记》，《读书》1983 年第 6 期。

吴维中：《志怪与魏晋南北朝宗教》，《兰州大学学报》1990 年第 2 期。

杨义：《汉魏六朝志怪书的神秘主义幻想》，《齐鲁学刊》1991 年第 5 期。

杨义：《汉魏六朝杂史小说的形态》，《文学遗产》1991 年第 4 期。

周士绮：《〈拾遗记〉"金沙"解》，《传统文化与现代化》1993

年第 5 期。

薛瑞泽：《〈拾遗记〉中洛阳史事述要》，《中州今古》1994 年第 6 期。

张侃：《试谈萧绮对〈拾遗记〉的整理和批评——从小说批评史的角度加以考察》，《复旦大学学报》1995 年第 2 期。

郭杰：《中国古典小说中诗文融合传统的渊源与发展》，《中国文学研究》1995 年第 2 期。

王枝忠：《试论王嘉的〈拾遗记〉》，《宁夏师专学报·宁夏教育学院学报》1996 年第 4 期。

薛克翘：《〈拾遗记〉杂谈》，《南亚研究》1996 年第 Z1 期。

吴志达：《魏晋南北朝小说的审美特征——兼对是时"亦非有意为小说"质疑》，《人文论丛》1998 年卷。

墨白：《简述神话以幻为真的叙事范型及古代志怪小说的叙事传统》，《中国文学研究》1998 年第 1 期。

赵逵夫：《从〈天问〉看共工、鲧、禹治水及其对中华文明的贡献》，《社会科学战线》2001 年第 1 期。

蓝岚：《〈拾遗记〉及其作者》，《天中学刊》2002 年第 3 期。

王晶波：《论〈拾遗记〉的唯美倾向》，《西北师范大学学报》2003 年第 1 期。

李伟昉：《略论六朝志怪小说的两大叙事特征》，《社会科学研究》2004 年第 5 期。

张晓红：《鲧———一个被诬蔑的治水英雄》，《青海师专学报》2005 年第 5 期。

陈君丽：《〈拾遗记〉校勘》，《杭州师范学院学报》2005 年第 4 期。

程丽芳：《魏晋南北朝志怪小说的实录精神与补史意识》，《文艺评论》2011 年第 2 期。

2. 硕博论文

林琳：《六朝志怪小说的女性世界》，硕士学位论文，黑龙江大学，2001 年。

魏世民：《魏晋南北朝小说的嬗变》，博士学位论文，华东师范大学，2003 年。

王莉：《论魏晋六朝志怪小说文学性叙事的生成》，硕士学位论文，西南师范大学，2003 年。

张春红：《〈拾遗记〉考论》，硕士学位论文，西藏民族学院，2008 年。

吴蓉：《〈拾遗记〉研究》，硕士学位论文，南京师范大学，2008 年。

朱莉莉：《〈拾遗记〉作者、版本及文学性研究》，硕士学位论文，山东大学，2008 年。

樊伟峻：《魏晋南北朝博物类志怪小说研究》，硕士学位论文，东北师范大学，2009 年。

孙勇的：《王嘉及〈拾遗记〉研究》，硕士学位论文，兰州大学，2010 年。

姜乃菡：《〈拾遗记〉研究》，硕士学位论文，广西师范大学，2011 年。

杨寿苹：《〈拾遗记〉三论》，硕士学位论文，山东大学，2011 年。

许晓颖：《魏晋南北朝诗歌与志怪小说之关系研究》，硕士学位论文，北京大学，2012 年。

后　记

这本小册子是在硕士论文的基础上修改完成的。2004 年我进入西北师范大学文学院攻读古代文学专业汉魏六朝方向的硕士研究生，因为自己是中师毕业，后来通过自学考试和进修拿到了专科和本科文凭，相对于四年本科专业学习的同学，我知道自己薄弱的学科基础，所以自入学之初就开始考虑论文的选题问题。在硕士一年级的学习过程中，我对汉魏六朝的笔记小说产生了浓厚的兴趣，在导师刘志伟先生的支持与指导之下，我最终确定了以王嘉和他的《拾遗记》作为硕士论文的选题。

之所以选王嘉及其《拾遗记》作为研究对象，是因为《拾遗记》作为魏晋时期志怪小说的代表性著作之一，它的作者王嘉是甘肃籍这一时期留存志怪小说作品为数不多的作家之一，作为甘肃籍的学人，潜意识当中有对甘肃籍作家及其作品的偏爱，也非常希望能够为陇右文化的研究添砖加瓦。促使我选王嘉及其《拾遗记》作为硕士论文选题的更为重要的原因是，截至 2004 年，学界对王嘉及其《拾遗记》的关注明显不足，除少数几篇单篇论文之外，还没对王嘉及其《拾遗记》进行系统研究的专著出现。

对于王嘉及《拾遗记》的研究，我主要是从两个方面进行的，一方面是对王嘉其人及《拾遗记》历代著录、版本、体例等的探究；另一方面是对《拾遗记》文本中一些突出问题的研究。我选择了《拾遗记》中的女性群体、《拾遗记》中的神话以及《拾遗记》独特的语言艺术等作为研究的对象。由于本人学识浅薄，在资料的收集和论文写作过程中，经常感到心有余而力不足，因此，硕士毕业时提交的毕业论文中一些问题没能得到很好的解决。

　　硕士毕业后，我于 2007 年 9 月继续在西北师范大学文学院攻读古代文学专业博士学位，师从赵逵夫先生。先生治学严谨、成果丰硕。他那竭泽而渔、高屋建瓴的考证和论述，深得学界推崇。三年来，在先生的指导下，我对论文做了大量的修改，增加了很多新的内容：首先是对王嘉籍贯卒年的考论。通过翻阅大量的资料，最后得出结论：王嘉应为陇西安阳（即今甘肃秦安县一带）人，《高僧传》中"嘉，字子年，洛阳人"中的"洛阳"应该是"略阳"的误写；其卒年应在公元 387 年至公元 389 年 8 月之间。其次是对王嘉受佛教思想影响的表现及原因考论。再次是关于《拾遗记》是否为有意而为的志怪小说的讨论以及对萧绮的籍贯及其《拾遗记录》的研究。最后是对王嘉及其《拾遗记》资料的汇集。在先生的指导下，我将论文章节的分布也做了修改，由原来的四章调整为现在的三章，每章的节数变多了，内容也较原来更为充实。

　　感谢刘志伟、郝润华、伏俊琏、韩高年、丁宏武、王晶波等先生，这篇论文从选题、收集资料等方面都得到各位先生的指导。

　　感谢业师赵逵夫先生在百忙之中给拙作写序，并对论文的最终定稿提供了非常宝贵的建议，祝愿先生好人一生平安。

　　拙作的出版还得益于西北师范大学古籍整理研究所的大力支持，在此深表谢意。

　　三年的硕士学习是短暂的，在读博期间及毕业工作之后，虽然对论文进行了反复修改，但由于本人研究能力的局限，其中还有很多地方存在失误与不足之处，敬请各位方家不吝指教，"路漫漫其修远兮，吾将上下而求索"。

王兴芬
2017 年 2 月 21 日于兰州